新しい時代に必要となる資質・能力の育成 III

「学びをつなぐ・ひらく」カリキュラム・デザイン

横浜国立大学教育学部附属横浜中学校 編

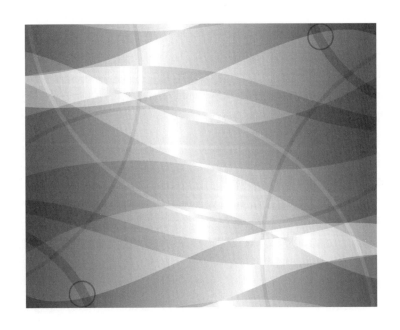

学事出版

はじめに

―学びのつながりをデザインし，未知なる領域へ思考をひらく―

○未来を担う子供たちに求められる資質・能力

　平成29年3月に新学習指導要領が公示され，予測困難なこれからの時代を子供たちはどう生きていくかという課題意識のもと，育成をめざす資質・能力を主軸に据えた新しい教育課程の姿が示されました。この中でいくつかの重要なキーワードがありますが，教育の現場を預かる立場として，特に「主体的・対話的で深い学び」と「社会に開かれた教育課程」をどのように実現していくのかを，カリキュラム・マネジメントの視点から具体的に示していかなければならないと考えます。その理論と実践を確かなものにするために，子供たちの学びの本質を捉え，それを生き方や社会との関わりへとつなげることの必要性がますます高まっていると実感しています。

　本校では国の教育理念に基づき，知・徳・体のバランスの取れた人格形成を基盤とした学校教育目標を定めていますが，この普遍的な教育目標が時代の変化に応えられるよう，「これからの社会をよりよく生きるための幅広い能力（リテラシー）の育成」を掲げ，学校づくりを進めています。この幅広い能力として問題解決能力，感じとる力，行動する力，熟考する力などを挙げていますが，これらは，豊かな人間関係を構築しながら社会とつながり，学び続ける力を実現するために求められる能力です。新学習指導要領に示された理念に鑑みて，本校の教育目標と育成すべき生徒像について問い直していきたいと考えています。

○教科の専門性と教科の枠組みを超える思考

　近年，科学技術は，一方では専門分野において独自の発展を推し進め，もう一方では，社会との相互関係において問題を共有しながら，それを解決するために研究活動のスタイルを変革させています。この潮流は，M.ギボンズの著書『現代社会と知の創造』（小林信一 監訳，丸善，1997）の中で展開する「モード論」において説明されています。その考え方によると，単一の領域の研究，あるいは複数の領域を連携させたり，統合したりする学際的研究（Inter-disciplinary など）に対して，既存の領域の枠組みが問題解決の必要に迫られて崩れ，新しく組みかえられていく，トランス・ディシプリナリ（Trans-disci-plinary）と呼ばれる超越領域型の研究様式が位置付けられ，そこに現代的価値を見いだすことができます。

　新学習指導要領に示された「社会に開かれた教育課程」をこれから実現していく中で，現代的な諸課題に対応する資質・能力の育成が求められ，そのために教科等横断的な学習の充実が図られなければなりません。このとき，自ら課題を見つけ学習に臨む子供たちの思考の広がりは，単一の教科や教科間の連携の範囲の中で捉えられるのか，あるいは子供たちの思考は，教科の枠組みでは捉えられないところへトランスしていくのか，といった問題と教師は向き合うことになるでしょう。

○学びをつなぐ・ひらく　カリキュラム・デザイン―新たな課題に向けて―

　本校では，新学習指導要領の改訂を推進した中央教育審議会教育課程部会における議論の動向を見据えながら，平成27年度から今年度までの3年間「新しい時代に必要となる資質・能力の育成への試み」を主題とする研究に取り組んできました。1年目は，「知識・技能」を生徒たちの生きた学びにつなげるためにどう構築するか，2年目は，生徒たちの学ぶ姿に寄り添いながら「学びの自覚」をどう促すかという課題意識のもと，各教科の観点から研究を展開させました。そこから見えてきたことは，子供の変容や思考の広がりを授業者がどう受け止めるかという新たな課題でした。

　今年度は研究副主題を「学びをつなぐ・ひらく　カリキュラム・デザイン」と定めましたが，この目的は，子供たちの質の高い深い学びはどう実現するか，という視点に立って授業を構想することにあります。学びの「深まり」の鍵となるのは，各教科の特質の応じた「見方・考え方」ですが，この「見方・考え方」を軸として，子供たちの思考はどこにつながっているのかを把握することが教師に求められます。時に解決の難しい複雑な問題や社会の現実と対峙する場合，教科の専門性の枠組みを超えることもあり，このような状況を予想し，見通した単元構想をすることが必要です。この課題に応えるべく，今年度はこれまで以上に教師のチーム力を高め，授業参観や議論をとおして問題を共有しながら，研究と実践を積み重ねました。

　子供たちの「学びのつながり」を教科と教科を超えたチーム力でどのように捉えたか，研究の成果は途上にありますが，本校の研究発表会（2018年2月23日・24日開催）と本書を通して公表させていただきます。どうかご意見・ご高評を賜りますようお願い申し上げます。

　最後に，今年度の本校の研究推進のためにご指導を賜りました文部科学省教科調査官の先生方，本学横浜国立大学教育学部の先生方，元文部科学省中央教育審議会委員で本学の高橋和子教授，川崎市教育委員会の中野正明指導主事の諸氏に厚く御礼申し上げます。また，大阪教育大学准教授の八田幸恵氏には校内研修会にお運びくださり，奥深い研究の見地からご教示いただきましたことに心より感謝申し上げます。

　今年度も本校には，留学生，クリエイティヴ・ディレクター，助産師，サイバー犯罪防止ボランティアの大学生，そしてJOC，弁護士会，税理士会，財務省からも多くの方が来校し，生徒たちの学びを社会の実際的な課題とつなぐ授業をしていただきました。身に付けた知識やスキルをフルに使って対話する生徒たちの姿に，「深い学び」は社会に開かれて実現することの真意を認識するとともに，これまで言語活動を通してはぐくまれてきた本校の学びの風土（学校文化）の大切さを，改めて実感しています。これから子供たちが，自らの学びを未知なる領域（ステージ）へとひらき，生きがいのある未来を歩んでいけるよう，教員一同，教育研究に取り組んでまいりたいと存じます。

　平成30年2月

横浜国立大学教育学部
附属横浜中学校
校長　中嶋俊夫

●目次 CONTENTS

横浜国立大学教育学部
附属横浜中学校

新しい時代に必要となる資質・能力の育成Ⅲ
「学びをつなぐ・ひらく」
カリキュラム・デザイン

はじめに／中嶋俊夫 ……………………………………………… 2

平成29年3月公示『新学習指導要領』のポイント ……………… 6

第1部

基本的な考え方（1）

新しい時代に必要となる資質・能力の育成Ⅲ
〜学びをつなぐ・ひらく　カリキュラム・デザイン〜 ……… 8

1　研究の概要／8

2　研究の経緯／12

3　成果と今後への課題／14

基本的な考え方（2）

本校の特色ある教育活動における「カリキュラム・デザイン」
…………………………………………………………………… 18

1　情報活用能力の育成とICT／18

2　総合的な学習の時間のカリキュラム・デザイン／22

3　道徳教育における試み／26

基本的な考え方（3）

「プロセス重視の学習指導案」の考え方
〜平成29年度「プロセス重視の学習指導案」の見方〜 …… 30

第2部　各教科の実践

国語科 ……………………………………………… 36

社会科 ……………………………………………… 46

数学科 ……………………………………………… 56

理　科 ……………………………………………… 70

音楽科 ……………………………………………… 80

美術科 ……………………………………………… 86

保健体育科 ………………………………………… 92

技術・家庭科 …………………………………… 102

英語科 …………………………………………… 112

おわりに／井澤克仁 …………………………… 126

執筆者一覧 ……………………………………… 127

平成29年3月公示『新学習指導要領』のポイント

新しい学習指導要領（中学校は平成33年度より全面実施予定）が平成29年3月に公示され，現在の周知・徹底期間を経て，いよいよ平成30年度より移行期間が始まります。各教科で移行する内容や新規に指導する内容を確認したり，また特別教科化される道徳教育の充実を目指したりなど，注視すべき部分は多岐にわたります。その中でも，およそ10年ごとのサイクルで改訂されてきた学習指導要領の今回の大きなポイントは，グローバル化の進展や高度情報化社会を見据え，子供たちがよりよい人生を築いていくために，社会に開かれた教育課程の実現を目指し，教育の果たすべき役割が焦点化されたことです。

『新解説・総則編』では，今回の改訂で育成を目指す資質・能力を明確化し，
(1) 知識及び技能が習得されるようにすること。
(2) 思考力，判断力，表現力等を育成すること。
(3) 学びに向かう力，人間性等を涵養すること。
という三つの柱で示しています。
さらに知・徳・体にわたる「生きる力」を子供たちに育むためには，この三つの柱が，学習の過程を通して相互に関係し合いながらバランスよく実現されることの必要性が述べられています。そして，これらの資質・能力を実質化するために「主体的・対話的で深い学び」の実現に向けた授業改善の推進（アクティブ・ラーニングの視点に立った授業改善）と，管理職のみならず学校全体で取り組む「カリキュラム・マネジメント」の推進が示されています。

これを受け授業者は，「何を学ぶか」という指導内容の見直しに加え，「どのように学ぶか」「何ができるようになるか」の視点からの授業改善が求められます。

「主体的・対話的で深い学び」の実現のためには，習得・活用・探究の学習過程全体を見通した授業改善が必要になります。そのためには「どのような視点で物事を捉え，どのような考え方で思考していくのか」というその教科等ならではの「見方・考え方」を働かせることができるような学習活動の質的向上が不可欠となります。
また「カリキュラム・マネジメント」は子供たちの姿や地域の実状等を踏まえて，各校が設定する学校教育目標の実現のために，学習指導要領等に基づき教育課程を編成し，それを実施・評価し改善していくことを示しています。必要とされる資質・能力は，教科横断的な視点で組み立てられた教育課程総体の力が発揮されてこそ育成されるものだと捉えられており，この両者は教育課程の軸として一体となることが求められています。

新しい時代に必要となるこれらの資質・能力の育成について，本校では一昨年度より研究を重ねてきました。自らが構築した学びは日常生活や他の学習とどうつながり，自らの将来や社会にどうひらかれるのかを子供自身が実感することは，自らの生活を豊かにしていくことに不可欠です。それゆえ，それに寄与する「カリキュラム」とはどうあるべきかを考え，各教科の本質を意識しながら単元構想や学習活動を組み立てていくことが重要となります。

第1部

基本的な考え方

※本書では，特に断りがない場合，次のように各資料を表記する。

本書での表記	正式名称
『学習指導要領』	文部科学省（2008）「中学校学習指導要領」
『新学習指導要領』	文部科学省（2017）「中学校学習指導要領」
『解説』	文部科学省（2008）「中学校学習指導要領解説○○編」
『新解説』	文部科学省（2017）「中学校学習指導要領解説○○編」
『参考資料』	国立教育政策研究所教育課程研究センター（2011）「評価規準の作成，評価方法の工夫改善のための参考資料（中学校　○○）」
『附属横浜中』（2015）	横浜国立大学教育人間科学部附属横浜中学校（2015）「思考力・判断力・表現力等を育成する指導と評価Ⅴ　『見通す・振り返る』学習活動を重視した授業事例集」，学事出版
『論点整理』（2015）	中央教育審議会教育課程企画特別部会（2015）「教育課程企画特別部会における論点整理について（報告）」
『附属横浜中』（2016）	横浜国立大学教育人間科学部附属横浜中学校（2016）「新しい時代に必要となる資質・能力の育成Ⅰ　『知識・技能』の構築をめざす授業事例集」，学事出版
『答申』	中央教育審議会（2016）「幼稚園、小学校、中学校、高等学校及び特別支援学校の学習指導要領等の改善及び必要な方策等について（答申）」
『附属横浜中』（2017）	横浜国立大学教育人間科学部附属横浜中学校（2017）「新しい時代に必要となる資質・能力の育成Ⅱ　『学びの自覚』を促す授業事例集」，学事出版

┃第1部┃基本的な考え方┃1┃

新しい時代に必要となる資質・能力の育成Ⅲ
～学びをつなぐ・ひらく　カリキュラム・デザイン～

1　研究の概要
（1）これまでの研究から

　平成29年3月公示の『新学習指導要領』で目指されている学習指導は，本校が平成17年度から継続して取り組んできた思考力・判断力・表現力等を育成する指導に通ずるものである。しかし今回の改訂への流れを機に，本校が目指す学びに改めて現代的な意義を見いだそうと，「新しい時代に必要となる資質・能力の育成への試み」を主題とした研究活動に取り組んで，今年度は3年目となる。

　研究1年目の一昨年度は，知識基盤社会の時代における「知識」の考え方を切り口に，新しい時代の学力観に基づく「知識」「技能」の考え方やその指導の方向性を提案した。そこで明らかになったのは，生徒が課題に取り組む際の，試行錯誤のプロセスそのものに学びの価値があるということだった。また，研究2年目の昨年度は，課題に対して試行錯誤する生徒の姿に私たち教員がどう寄り添い，さらにそこで育まれる質的な学力をどう評価するのか，という問題と向き合い，新しい時代の「評価」の考え方を提案した。詳細は，『附属横浜中』（2016）（「『知識・技能』の構築をめざす授業事例集」），『附属横浜中』（2017）（「『学びの自覚』を促す授業事例集」）を参照されたい。

　昨年度の研究から明らかになったことの一つに，教員のカリキュラム構想力の重要性が挙げられる。コンピテンシー・ベースの高度な学力を，長期的に育むことが課題となった今，そのような学力を育成する「カリキュラム」の在り方が問われている。昨年度の研究からは，教員が生徒の学びを1年間，あるいは3年間見渡しながらカリキュラムを構想すること，また一つの単元や題材の指導においても，生徒の実態に即して，計画していたカリキュラムを柔軟に修正・改善できる力量が必要になることが明らかになった。

　そのような中で，今後は生徒の学力評価のみならず，教員が作成・実行したカリキュラムが，生徒の資質・能力を育成するものとなっているのか，というカリキュラムの妥当性が問われると考えた。

（2）「社会に開かれた教育課程」の実現に向けて

　『新学習指導要領』では「社会に開かれた教育課程」の実現が目指され，そのために「カリキュラム・マネジメント」の充実が求められている。学校教育と社会をつなぎ，また，「管理職のみならず，全ての教職員が責任」を持ち，「学校の組織力を高め」，「教員一人一人の力量を高めていく」教育課程の編成とはどのようなものなのか。『論点整理』（2015）には，「カリキュラム・マネジメント」について，次のような記述がある。

○　これからの時代に求められる資質・能力を育むためには，各教科等の学習とともに，教科横断的な視点で学習を成り立たせていくことが課題となる。そのため，各教科等における学習の充実はもとより，教科等間のつながりを捉えた学習を進める観点から，教科等間の内容事項について，相互の関連付けや横断を図る手立てや体制を整える必要がある。

○　このため，「カリキュラム・マネジメント」を通じて，各教科等の教育内容を相互の関係で捉え，必要な教育内容を組織的に配列し，更に必要な資源を投入する営みが重要となる。個々の教育活動を教育課程に位置付け，教育活動相互の関係を捉え，教育課程全体と各教科等の内容を往還させる営みが，「カリキュラム・マネジメント」を支えることになる。

　その具体的方策として，「教育内容の組織的な配列」や「資源の投入」は確かに必要だろう。しかしそれらの文言には，限られた時間で多くの指導内容に効率的に取り組むという，どちらかと言えば，指導者側の都合が優先されている印象もある。

　資質・能力を確実に育み，「教員一人一人の力量を高める」教育課程の在り方を追究するのなら，効率性だけではなく，各教員が生徒たちとの日々の授業を通して，「教育課程全体と各教科等の内容を往還させる営み」にどのように関わるかがより重要になる。生徒たちに対して，また社会に対して，「全ての教職員が責任」を持つ教育課程はそこから実現するのではないか。『論点整理』（2015）には，次のような記述もある。

　　　また，学習指導要領等を豊かに読み取りながら，各学校の子供たちの姿や地域の実情等と指導内容を照らし合わせ，効果的な年間指導計画等の在り方や，授業時間や週時程の在り方等について，校内研修等を通じて研究を重ねていくことも考えられる。

　目の前の生徒の実態に即して授業を展開する，という教育本来の在り方を見失わずに，さらには，自分の授業が社会で求められる資質・能力を育成するものとなるために，新しい時代のカリキュラムはどのように構想されるべきか。本校では，「カリキュラム・マネジメント」に比べ，より生徒の実態に即した小規模で柔軟なPDCAサイクルを確立する「カリキュラム・デザイン」という概念に着目して，今年度の研究副主題「学びをつなぐ・ひらく　カリキュラム・デザイン」を設定した。

（3）「カリキュラム・デザイン」という概念

　本校の研修会講師に招いた八田幸恵氏（大阪教育大学）は，「カリキュラム・デザイン」という言葉も，近年の日本においては「教科・領域間での内容の関連づけ」という意味で用いられていると指摘する。実際，カリキュラムの工夫と称して，各教科で教育内容の一覧表を作成したり，教科等横断的な汎用的スキルを一覧にして指導したりしている学校も少なくない。しかし八田は，1947年にアメリカのシカゴ大学で行われたカリキュラム理論に関する会議で初めて用いられた「カリキュラム・デザイン」本来のニュアンスに着目する。

第一に，国家や地方自治体といった大規模レベルではなく，学校や教室といった現場において，教師が自らの判断で行うカリキュラムづくりであること。したがって第二に，カリキュラムづくりの各局面（教育目標の設定，教育内容の組織，授業づくりと実施，子どもの学びの成果の把握等）は柔軟に入れ替わり，必ずしも明確な教育目標から始めるわけではないということ[1]。

　これを踏まえ，八田は「カリキュラム・デザイン」を，「教師が教育の主体として行う教育の計画・実施・評価・改善の総体」という意味で用いることを提案する。本研究でも，学校教育目標の実現につながる学校全体のカリキュラムの調和を図りながらも，教員一人一人が「教育の主体」となるカリキュラムの在り方を追究したいと考えた。

　基礎・基本となる知識や技能，特に量的な測定が可能な学力を身に付けさせるのなら，明確な指導目標も設定しやすく，授業も計画通りに進むことが多い。しかし，思考力・判断力・表現力等，さらには学びに向かう力や人間性等の質的な評価が必要となる学力を，時間をかけて育成する場合，単元構想段階で設定した指導目標や指導計画が，授業中に見直されたり，変更されたりすることはよくあることである。これまでの本校の研究でも，このような学力の育成に当たっては，教員の予想とずれた生徒のパフォーマンスや，教員の想定（手のひら）を超えたパフォーマンスを教員が丁寧に受け止め，それを次の授業構想や単元構想にどう生かせるか，すなわち柔軟に計画カリキュラムを修正・改善できるかが重要であることが明らかになっている（『附属横浜中』(2017)）。

　八田は，このようなより高次で長期的に育成される学力を対象としたカリキュラムを作る場合，「そのような学力の育成を完全に計画化することは不可能」であると言い切る。それでは，私たち教員は何をすればよいのか。八田は，そのような学力を育成するカリキュラムを作るポイントとして次の二点を挙げる。

①　明確化できる教育目標を規準に授業をつくるというよりも，豊かな学びのイメージをもとに授業をつくること。
②　豊かな学びを積み重ねることでじわじわと育成される学力を可視化し評価するための挑戦的な評価課題を開発すること。

　①については，本校でもここ数年，学習指導案には，学習指導要領の指導事項を基にした評価規準を明記するとともに，生徒の実態と単元の内容に即してイメージした「本単元（本題材）で目指す生徒の学ぶ姿」を必ず掲げて実践を行ってきたことに通ずる。

　また，②の「挑戦的な評価課題」は「パフォーマンス課題」とも言い換えられる。八田は，「パフォーマンス課題」という文言が，ある特定の方法を連想させることを避ける意図から，あえて「挑戦的な評価課題」という表現を用いているという。この「挑戦的な課題」については，一昨年度，本校の研修会講師に招いた石井英真も言及[2]している。石井は，「挑戦的」について，「難問を解かせるのではなく，認知的に挑戦的であることを意識すること」と説明し，それは「教科の本質的でおいしいプロセスを子どもたちにゆだねて

みること」であると言う。

　これまでも本校では，各教科学習の節目にはこのようなパフォーマンス課題に取り組んできた経緯がある。ちなみに，ここでの「評価課題」とはいわゆる成績をつける「評定」のための課題ではないことを確認したい。より本質的な評価の在り方を考える際，評定の問題は一度切り離して考える必要がある。本校では昨年度より「評価」を，思考に寄り添いそれを解釈する行為，すなわち「リフレクション（省察）」と考えて研究を進めている（『附属横浜中』（2017）p.14）。

　私たちは，八田の提案する①②が，これまでの本校の授業研究の成果と深く関わることを確認するとともに，今年度の研究副主題「学びをつなぐ・ひらく　カリキュラム・デザイン」が，これまでの2年間の研究の延長線上に位置付くものであることを確認した。

（4）　今年度の実践への共通理解

　今年度の研究「学びをつなぐ・ひらく　カリキュラム・デザイン」の具体策として，八田から提案されたことを整理すると，以下のようになる。

- ・理想の学ぶ姿を共有しながら授業を行うこと。
- ・「教科する」授業（石井英真（2015），『附属横浜中』（2016）p.12），生徒が夢中になる学び（『附属横浜中』（2017）p.14）に引き続き取り組むこと。
- ・「カリキュラム評価」を実施すること。

　これまでの本校の研究の視点になかったのが，「カリキュラム評価」という考え方である。八田からは，「カリキュラム評価」は，「学力の情意領域からの評価」（石井2015[3]）を切り口にするとよいというアドバイスを得た。学力の情意領域の評価とは，課題が達成できた自己効力感〔できてうれしい〕というレベルから，内容の価値に即した内発的動機や教科への関心・意欲が高まるレベル，さらには活動の社会的レリバンス（関連性）に即した内発的動機，教科学習観，知的性向・態度・思考の習慣が形成される高度なレベルまで考えられる。そしてこれは，生徒の「関心・意欲・態度」の評価に重なる部分でもある。

　しかし，それを生徒の学力評価とするだけでなく，教員の「カリキュラム評価」ともする，というものである。考えてみると，これは昨年度の研究「学びの自覚」に通ずる。授業後の生徒の振り返りの記述等を分析すると，生徒がどのような学びの実感をもっているかが見えてくる。それは，教員が実行したカリキュラムに対する評価であるとも読み替えられる。生徒が充実した学びを自覚しているということは，その授業のカリキュラムにはそれを導き出す「しかけ」があった，とも解釈できるからである。

　さらにそこでなされた分析を，自分の教科内にとどめるのではなく，教科を超えて他の教員と共有する場をもつことで，この学校の学びの醸し出す雰囲気や文化が見えてくる。八田は，「カリキュラム評価」においては，このように教室文化をつなぐことから見えてくる，この学校の生徒たちに働いている「有形・無形の人間形成作用の総体（隠れたカリキュラム）」を問い直すことこそが重要になると言う。各学校の文化は，学校の歴史や生

徒の実態に応じて多様であろうが、その「学校文化」が子供たちの学習を励ますものになっているか、また一貫したものになっているか、を問うことはその学校全体のカリキュラムの評価となる。

　このような学校全体のカリキュラムの調和を図るために、「学びのつながり」は重要になる。しかし八田は、そのためには、それ以前にまず各教科のカリキュラム・デザインが一貫的なものになっていることが必要だと言う。本研究では、その一貫性は、各教科担任が、一授業や一単元をこえて働くその教科ならではの「見方・考え方」を意識したカリキュラムを構想する中で生まれると考えた。各教科の「見方・考え方」を働かせて、年間を通して探究する本質的な「問い」を軸に、教員一人一人が主体的に授業を構想すること、そして、そこに他教科・他領域の内容との関連付けや、汎用的スキルの育成がどのように作用するのか、これからの授業実践を通して確かめていくことにした。

　今年度の研究活動は、同じ学年の生徒の育成に携わる教員が、教科を超えてカリキュラム・デザインのプロセスに関わり、さらに、各教科で追求した生徒の学ぶ姿や、実践を通して育った生徒の姿を共有することで、互いのカリキュラムを磨き合うことを念頭に進めてきた。

2　研究の経緯
(1)　6月　授業研究会から明らかになったこと

　今年度の研究主題に基づく最初の授業研究は、1年生の理科の授業をモデルとして行った。「挑戦的な評価課題」（パフォーマンス課題）は、「あなたは、農場の経営者です。狭い土地でも効率的に作物が育てられるように、葉もの野菜の生産工場（植物工場）の建設をすることにしました。植物を育てる上で大切な条件を考え、どのような植物工場を作ればもっとも効率的に野菜を育てることができるか、建物、設備の計画を科学的な根拠を基にプランを作成しなさい」というものであった（詳細は、本書籍p.72～p.75に掲載）。授業後の研究討議では、以下のことが共有された。

- これまでの「授業での学び」と「社会生活の課題」には、相当の距離があったと言える。生徒が授業での学びを自分ごととし、学びへの心理的没頭（『附属横浜中』(2017) p.14）を図るためには、その距離感を縮めること、つまり学習課題と社会生活と「つなぐ」授業の工夫が必要になる。

- これまでに授業で習得した知識（本単元なら、植物の生育条件）を社会的な文脈で使ってみる課題（パフォーマンス課題）に取り組むことで、知識の構造化を促すことができる。また、その構造化した知識を、生徒が今後直面すると予想される学習課題（自教科に限らず、他教科や他領域も含める。例えば本単元なら、2年生技術科の栽

培の分野）につなぐ見通しまで持って
カリキュラムを構想していくことが重
要になる。

授業後の研究討議の様子

・パフォーマンス課題は，生徒たちへの
「問題提起としての課題」と位置付け
ることも大切である。最適解を求めさ
せるが，生徒たちの発達段階や課題の
難易度によっては，十分な解に到達で
きないこともある。そこから上級学年
での学びに期待を持たせたり，今知っ
ていることに満足せず，もっと高度な
知識や技能を求めようとする学びへの謙虚さを育んだりすることも大切である。それ
が学びをここで終わらせず，未来に「ひらく」ことにつながる。

・学びが「つながる」ことを実感するのは生徒たち自身である。教員が何かを無理につ
なげて満足するものではない。それを実感したとき，生徒たちは学ぶ感動を味わう。
教員ができることは，そのためのしかけ作りと，生徒のパフォーマンスに対する適切
な評価である。生徒が教員の手のひらを超えた学びをしたときに，それに気付き，価
値付けできるか。また，生徒が教員の予想と異なる思考をしたときに，それを修正す
るための手立てをとれるかが重要になる。

　研究討議では，これまでの研究成果とのつながりを改めて確認し，研究副主題である
「つなぐ・ひらく」のイメージも少しずつできてきた。

(2)　8月　「挑戦的な評価課題」（単元構想案）の検討会から明らかになったこと
　本校では毎年秋（9月〜11月頃）に，全教員が自分の担当する教科・学年で，その年度
の研究副主題に即した授業を実践・公開し，その成果を本書籍にまとめている。今年度
も，夏休み期間に，秋に実施予定の「挑戦的な評価課題」に取り組む単元構想案を作成
し，その検討会を8月末に行った。
　単元構想案（学習指導案）の検討は，この時期に毎年行っていることであるが，今年度
は「社会にひらかれた学び」をどう実現するか，という視点での検討とするため，これま
でとは方法を変更した。これまでは，同じ教科の教員同士で，指導案の文言をチェックす
ることに長い時間をかけていたが，今年度は，自分が授業を実践する学年の指導に携わっ
ている，他教科の教員との対話に長い時間をかけることにした。
　「他教科のことはよくわからない」というのは，私たち中学校教員の口癖でもある。し
かし今回は，指導事項や評価規準についてよりも，各自が単元構想案に掲げた「目指す生
徒の学ぶ姿」を，どのような文脈を設定して実現しようとしているかを説明し，そこから

社会で必要となる力を身に付けていく生徒の姿がイメージできるか（あるいはイメージし難いか）という視点での検討を行った。

「自分の教科では，学年の生徒たちにこんな体験をさせて，こんな力を身に付けていってほしい」と様々な教科の教員が語ることで，学年の生徒の育ちゆく姿が次第に立体的にイメージされていく。そしてその交流はいつの間にか，自分たちの育てている学年の生徒たちのよさや課題について語り合う場に変容していった。それをさらに学年を超えて全体で共有すれば，それは八田の述べていた「学校文化」の評価につながっていた。

この8月の検討会で共有されたことは，「学びをつなぐ・ひらく　カリキュラム・デザイン」に当たっては，同じ生徒の育成に関わる他教科の教員の視点が非常に重要になるということである。他教科の教員は，その教科の指導事項や教材のことがよくわからないからこそ，生徒に近い目線で，また，一般社会人の目線で，単元そのものの魅力や学習課題のわかりやすさを評価できる。

また，普段自分が担当している生徒たちが，他教科ではどのように育てられようとしているのかを知ることは，「自分の教科ですべきこと」の再考にもつながる。まずは各教科ならではの「見方・考え方」を，自分の教科ではどのように働かせようとしているのか，一人一人の教員が他教科の教員にも分かるように説明できることが重要である。その上で，他教科が，よりよい社会の創造や生徒の人生を豊かにするために，学びの文脈に各教科ならではの「見方・考え方」をどのように絡めようとしているか，その他教科のこだわりに耳を傾けること。それによって，自分の教科の願いと重なる部分，そして自分の教科では決して担えない部分が見えてくる。つまり，そこから教科担任としての自分の役割が明らかになると言える。

「社会に開かれた教育課程」は，このように生徒の成長を支えようとする多くの視点をくぐりながら実現するものであるということが見えてきた。この検討会を受けて，各教員は自分の単元構想案を修正し，秋の授業実践に至った。

授業実践においては，自分が指導に関わっている学年の生徒の授業は，教科にかかわらず原則参観することとし，そこで気付いたことは，「カリキュラム評価」という形でメモをまとめ，授業者に手渡すことにした。授業者は，生徒たちの授業での様子や学びの振り返りの記述等と併せて，参観者からの「カリキュラム評価」のメモを参考にしながら，改めて自らの実践に対する「カリキュラム評価」を行った。本書籍「各教科の実践」（p.35～）には，その成果をまとめた。

3　成果と今後への課題
（1）生徒の学びを「つなぐ」視点

本校では，今日の授業での学びが，狭い教科学習の枠組みに閉じることなく，生徒たちの中で多様な学びの経験として有機的につながり，これからの社会を生き抜く力にひらかれたものとなる「カリキュラム・デザイン」に取り組んできた。本研究の中心となった「挑戦的な評価課題」の単元構想に当たっては，生徒の学びの体験を相互に関連付けるための工夫（「つなぐ・ひらく」）をできるだけ多く想定して，指導案に書き出すことに取り

組んだ。その工夫としては，これまでの研究活動から，例えば以下のようなものを考えていた。

①他教科・他領域の学習内容や題材とつなぐ
　　　例）「栽培」：理科と技術，「黄金比の学習」：数学と美術，「響き」：理科と音楽，
　　　　　「消費者教育」：社会と家庭科，「ディベート」：国語と英語，等。
②過去の学びとつなぐ・未来の学びへひらく
　　　例）小学校での学びとつなぐ。（つるかめ算と連立方程式，等）
　　　　　既習の単元での学びとつなぐ。（「1学期のノートを見てみよう」，等）
　　　　　上級学年の学び，高校の学びへひらく。
③汎用的スキルでつなぐ
　　　例）表現やコミュニケーションのスキル（相手意識のある説明の仕方，話し合いの
　　　　　仕方，レポートの書き方，等）
　　　　　思考スキル（根拠を明確にする，多面的・多角的に検討する，等）
　　　　　情報活用スキル（ICTや図書からの情報収集・選択の仕方，データ処理の仕
　　　　　方，等）
④日常生活場面とつなぐ・これからの社会の課題にひらく
　　　例）生徒の日常生活場面を学びの文脈に取り入れる。（学校行事や生徒会活動の場
　　　　　面，家庭生活の場面，学校周辺地域との関係，等）
　　　　　これからの社会の課題を学びの文脈に取り入れる。（東京オリンピックの場面，
　　　　　最近のニュース，社会で活躍する人との交流，等）
⑤教科の本質的なものの見方・考え方でつなぐ
　　　例）国語：「読むこと」と「書くこと」，数学：「代数」と「幾何」，理科：「1分野」
　　　　　と「2分野」等，分野や単元を貫くような「見方・考え方」

　しかし，実際に授業を行ってみると，「目指す生徒の学ぶ姿」の実現のために，強く意識することが必要だったつながりの工夫と，指導案には掲げたものの，あまり意識する必要がなかったつながりの工夫があることが明らかになった。
　多くの教員が必要だと考えたつながりの工夫は，④及び⑤である。④は，今日の学びを社会にひらかれたものとするための，「学びの文脈」の工夫である。また⑤は，八田が述べていたように，教科のカリキュラムの一貫性を確立する工夫と言える。
　その一方で，②や③については，④や⑤の条件を満たした「挑戦的な評価課題」が適切に設定できれば，その課題解決の過程で，特に意識せずとも，結果としてやることになる，という意見が多かった。「挑戦的な評価課題」は，多くの場合，複数の知識や技能を組み合わせて解決するので，既習事項を総動員するのは，ある意味当然である。また，自分一人で解決することは難しく，多くの場合，他者と協働して対話的に解決するため，例えばコミュニケーションのスキルを鍛えることを意図しなくても，話し合ったり，考えを書いたりする機会は自然に多くなる。つまり，教科等横断的な汎用的スキルは，適切な課

題に取り組めば，その解決の過程で必然的に指導の機会があるもの，と考えられる。

ちなみに，入学時よりこのような探究的な課題に継続して取り組んできた本校の3年生は，今年度の全国学力・学習状況調査の質問紙調査で，以下のように回答している。

（質問番号61）1・2年生の時に受けた授業で，生徒の間で話し合う活動では，話し合う内容を理解して，相手の話を最後まで聞き，自分の考えをしっかり伝えていたと思いますか。

	当てはまる	どちらかといえば，当てはまる	どちらかといえば，当てはまらない	当てはまらない
本校	43.6%	51.9%	3.8%	0.8%
全国	26.3%	47.3%	21.2%	5.1%

（質問番号68）400字詰め原稿用紙2～3枚の感想文や説明文を書くことは難しいと思いますか。

	当てはまる	どちらかといえば，当てはまる	どちらかといえば，当てはまらない	当てはまらない
本校	9.0%	23.3%	17.3%	50.4%
全国	35.3%	26.8%	21.6%	16.1%

もちろん，国語科教員が発信源となり，指導ずみの言語スキルを各教科の言語活動で積極的に使うことを呼びかけたり，情報教育担当者が中心となり，日常的にICTを活用できる環境を整えたりしておくことは必要である。しかし，それ自体が学習活動の目的になるわけではない。それを取り立てて指導するカリキュラム作りに労力を注ぐよりは，まずは，教科の本質に触れつつ，社会につながる学びを実感できる文脈を備えた「挑戦的な評価課題」を設定することが先決である。

（2）カリキュラムを評価する視点

全教員の授業実践が終了した後，研究活動を振り返るアンケートを実施した。その項目に，「あなたは他の教員の授業を参観した際に，何を視点として『カリキュラム評価』をしましたか」というものがある。当然のことながら，指導案に掲げられていた「『目指す生徒の学ぶ姿』が実現されていたか」という回答が多かった。では，参観者はそれを何で判断したか。回答を整理したところ，次のような視点が明らかになった。

①生徒が学びの必然性を感じる学習課題であったか。
・課題を自分ごととして捉え，その解決に意欲的になれるしかけがあったか。
・生徒が，課題と日常生活や社会生活との関わりに気付けるしかけがあったか。
②生徒（の思考）が主体となる授業であったか。
・生徒の実態に即して，授業プランを柔軟に修正・改善できていたか。
・授業中に生じる「思考のずれ」や「つまずき」が丁寧に扱われていたか。
・個で考える時間と，集団で考える時間が保障されていたか。

・生徒の思考を言語化する場面（書かせる，言わせる）があったか。
③教科の本質に迫る課題となっていたか。
　・教科ならではの「見方・考え方」につながる根拠や論拠が，授業の中で適切に用いられていたか。
　・生徒のパフォーマンスを評価する視点が，教科として身に付けたい力に即して明確だったか。

　『新学習指導要領』が目指す「主体的・対話的で深い学び」は，「主体的」「対話的」「深い学び」を，別々に実現するものではない。例えば①〜③の条件を整えたカリキュラムを実践する中で，「生徒の学ぶ姿」となって実現するものであると言える。それゆえ，カリキュラム・デザインに当たっては，私たち教員は「目指す生徒の学ぶ姿」を，生徒の実態や単元・題材の内容に即して，より具体的にイメージすることが重要になるとともに，上記の条件（しかけ）を整えることに全力を尽くさなければならない。そして，これらの視点は，カリキュラム評価の視点であるとともに，新しい時代の授業研究の視点ともなると考える。

（3）「学校文化」を共有するチームとして，カリキュラムを構想する

　本研究半ばで，職員室で大議論が交わされた日があった。それは，総合的な学習の時間の成果物である「研究レポート」の書き方のプリントを作成するに当たり，「根拠」と「論拠」という言葉をどのように扱うか，総合担当者から国語科教員に相談があった時である。国語科の説明を端で聞いていた理科と数学の教員が，それに反論を始めた。自分たちの教科では，「根拠」は使っても「論拠」は使わない，と。そこに社会科の教員が加わってさらに反論する。「論拠」は社会科では絶対に必要だ，と。これは一つの象徴的な出来事であるが，私たちはこのような議論をこれまであまりしてこなかった，と振り返った。しかし，どの教員も生徒たちに，「根拠を明確にしなさい」と日常的に言っている。生徒たちは様々な立場からの説明を受けて，さぞかし混乱しているだろうとみんなで苦笑した。

　本研究を通して，カリキュラム・デザインに当たっては，教員同士が各教科のこだわりを共に語り合う時間と場がいかに重要であるかが明らかになった。それは，生徒が多様な学びの体験を有機的につなぐための，大前提になることかもしれない。生徒に「主体的・対話的で深い学び」を求めるのなら，指導者である私たちがまず，教育の「主体」として，教材研究や単元開発に取り組まなくてはならない。しかしそのためには，私たちに時間的，心理的余裕が必要であることは言うまでもない。

〈参考・引用文献〉
1　八田幸恵（2017）「学校と教室における読みのカリキュラム・デザイン（連載第6回）長期的に育てる高次の学力」，教育科学国語教育（2017年9月号 No.813），明治図書
2　石井英真（2017）『中教審「答申」を読み解く』，日本標準，p.82
3　石井英真（2015）『今求められる学力と学びとは』，日本標準，p.23

第1部｜基本的な考え方｜2｜

本校の特色ある教育活動における「カリキュラム・デザイン」

1 情報活用能力の育成と ICT

（1） 本校の ICT 環境

　本校は平成23年度末から生徒一人に一台の TPC 環境が整っている。またそれだけでなく，すべての普通教室に電子黒板（IWB）と教師用 PC，実物投影機が備え付けてある。生徒用 TPC が各教室の充電保管庫にあり，電子黒板と教師用 PC・実物投影機は常に接続されているため，教師は準備時間をほとんど必要とせずにこれらの ICT 機器を授業で活用することができる。また，平成29年度入学生から TPC を個人所有の端末とした。情報技術は人々の生活にますます身近なものとなっていくと考えられるが，そうした情報技術を手段として学習や日常生活に活用できるようにしていくことも重要であると考え，学校だけでなく家庭での活用も推進していく。

　さて，このような環境で日々の授業を行っている本校では今年度，横浜国立大学が文部科学省から委託を受けた「次世代の教育情報化推進事業（情報教育の推進等に関する調査研究）」の情報教育推進校（IE スクール）としての取組もおこなっている。以下，この IE スクールとしての「情報活用能力の育成」に焦点を当てて述べていく。なお，今までの本校研究と ICT との関連については『附属横浜中』（2017）を参照されたい。

（2） 情報活用能力の育成とカリキュラム・デザイン

　昨年の3月に公示された『新学習指導要領』の総則に，「各学校においては，生徒の発達の段階を考慮し，言語能力，情報活用能力（情報モラルを含む。），問題発見・解決能力等の学習の基礎となる資質・能力を育成していくことができるよう，各学校の特色を生かした教育課程の編成を図るものとする。」と示されている。このことから，各教科において，教科の本質を追究しながら，情報活用能力の育成も行えるカリキュラム・デザインを考え，実践している。

　情報活用能力においても『新学習指導要領』三本柱である，①知識・技能②思考力・判断力・表現力等③学びに向かう力，人間性等に分け，さらに細かく各学年における目標をリスト化することを試みている。そしてこの目標リストを，各教科（総合的な学習の時間も含む）の年間指導計画に落とし込むことで，情報活用能力の育成を計画的に行うカリキュラム・デザインを模索している。

　取組を進めていく中で，情報活用能力の知識・技能の中には，キーボードの操作スキルや TPC 管理等，教科等の授業で扱うことが難しいものもあることが判ってきた。これらを含めたカリキュラム・マネジメントの課題については，IE スクールの報告書に記して

いきたい。

（3）　今年度の授業実践事例

【技術家庭科（技術分野）２学年】

　「電気エネルギーの利用について理解しよう」という単元を７時間で設定した。この単元において育成する情報活用能力は以下の通りである。

　　　①知識・技能として，情報モラルの必要性及び身に付けるために必要な知識・技能（情報社会の倫理・法の理解と遵守（著作権等））

　　　②－１　思考力・判断力・表現力等として，事象を情報とその結び付きの視点で捉える力（目的や状況によってトレードオフ関係の視点で事象を捉える）

　　　②－２　複数の情報や考えを結び付けて新たな意味や価値を創造したり，考えを深化したりする力（対話，協働により複数の情報を結び付けた意味構築）

　　　②－３　問題発見・解決の各過程における一連の情報活用する力（問題解決の各過程における情報収集・分析・編集，表現）

　　　③学びに向かう力，人間性等として，情報を多面的・多角的に検討しようとする態度・情意等（多面的，多角的に情報を検討する態度・情報とのかかわり方）

　この単元におけるICT活用のポイントとしては，TPCを使用し，必要な情報を幅広く集めていくとともに，その情報の信頼性についても考えていくことと，プレゼンテーション作成ソフトを活用し，自らの学びを発信できるようにすることの二点を挙げた。

　単元の指導計画については，次ページを参照されたい。本校のICT環境を活かし，TPCを使う計画になっている。また，年間指導計画においては，今回紹介した単元の後に「電気エネルギーを利用した製品の設計・製作」へとつながる流れとなっている。情報活用能力は，各教科等の探究的な学習活動を支える基盤であり，これを確実に育んでいくためには，各教科等の特質に応じて適切な学習場面で育成を図ることが重要である。そうして育まれた情報活用能力を発揮させることは，主体的・対話的で深い学びの実現に大きく寄与すると考える。

　以下に，ある生徒の振り返りの一部を紹介する。この生徒の振り返りから，「主体的・対話的で深い学び」につながる「芽」を読み取ることが出来るのではないだろうか。

「エネルギーの変換はいろいろな製品に使用されていることが分かった。…（中略）…それらの製品では，省エネ，安全，効率良く出来るなど，様々な工夫がなされているのが分かった。製品を工夫することで，より使いやすいものになるのではないかと思った。でも使いやすくても，工夫にお金がかかっていて，製品の値段がふつうのあまり工夫がされていない製品より高くなってしまったら，需要は増えないから，そこは問題だと感じた。」

　このように，教科の特質に応じて情報活用能力の育成を図ることと，情報活用能力を発揮させて各教科等における「主体的・対話的で深い学び」の実現につなげる，という二つの側面からのカリキュラム・デザインを目指している。

　今回は，技術・家庭科の技術分野を具体例として載せたが，各教科では本校のICT環境を活かしながら，情報活用能力の育成を実践している。１年生の数学科では「資料の活

用と整理」の単元でエクセルを活用した事例，3年生の理科では「地球と私たちの未来のために」の単元で，日本のこれからの発電方式について考える際の情報収集や発表でTPCを活用する事例などが実践できた。

〈単元の指導計画〉

次	時数	主な学習活動	情報活用能力育成の視点
1	2	【電気エネルギーの誕生】 ○自然界のエネルギー資源をどのように利用しやすい形に変えているのか知る。 ・一次エネルギーと二次エネルギーについて ・エネルギー資源を電気エネルギーに変えるための発電方法の仕組みについて（火力発電，水力発電，太陽光発電，風力発電，原子力発電） ○各発電方法のプラス面，マイナス面からこれからの日本に必要なエネルギーミックスについて考える。 ・エネルギーの変換効率について ・日本のエネルギー事情について ・各情報を基に発電方法のランキング付け	・インターネットで調べる際には，一つのサイトから情報を得るのではなく，複数のサイトの情報を比較していくことで，自らが発信する情報の信頼性を高められるようにする。（①） ・各自が調べた情報を基に話し合いを行うことで，より多くの情報を結びつけながら発電に関する知識を構築していく。（②－1） ・エネルギーミックスを考える際には，各発電方法を環境面，経済面，安全面など複数の視点から評価し，より最善な方法を選択していくようにする。（②－2，②－3）
2	1	【電気エネルギーが送られてくる流れ】 ○送電・配電の仕組みや流れについて知る。 ・変電所仕事と役割について ○電気について知る。 ・交流と直流の電気の特徴について ・電池について（アルカリ・マンガンの違い）	・提示された資料を基に，なぜ送電には複数の変電所を経由しなければいけないのか理由を考えていく。（②－2，③）
3	4	【電気エネルギーの具体的な変換と利用】 ○各家庭で電気エネルギーをどのように利用しているのか理解し，友だちに説明する。 ・「熱」,「光」,「動力」への変換の仕組みについて ・担当分野の情報収集，発表のためのスライド作成，発表 ・電気エネルギーの利用についてのまとめ	・インターネットで調べる際には，一つのサイトから情報を得るのではなく，複数のサイトの情報を比較していくことで，自らが発信する情報の信頼性を高めていく。（①） ・発表資料作成の際には，必ず参考にしたサイトを表示させるなど，情報に関する権利についても考える。（①）

（4） おわりに

『新学習指導要領』の完全実施がすぐそこまで来た現在において，情報活用能力の育成をカリキュラムにどう位置付けるかは，どの学校においても喫緊の課題であると考えられる。また，プログラミングをはじめとして，ICT と大きく関連することも疑問の余地がないところである。本校のように，他校に先行して一人一台の TPC 環境での授業を推進している学校には，研究の成果や課題を率先して発信していく使命があろう。

最後に，『新解説』（中学校総則）では情報活用能力がどのように記載されているかを載せておく。本校もこの『新解説』を情報活用能力におけるカリキュラム・デザインの拠り所としている。

> 情報活用能力は，世の中の様々な事象を情報とその結び付きとして捉え，情報及び情報技術を適切かつ効果的に活用して，問題を発見・解決したり自分の考えを形成したりしていくために必要な資質・能力である。将来の予測が難しい社会において，情報を主体的に捉えながら他者と協働し，新たな価値の創造に挑んでいくためには，情報活用能力の育成が重要となる。また，情報技術は人々の生活にますます身近なものとなっていくと考えられるが，そうした情報技術を手段として学習や日常生活に活用できるようにしていくことも重要となる。
>
> 情報活用能力をより具体的に捉えれば，学習活動において必要に応じてコンピュータ等の情報手段を適切に用いて情報を得たり，情報を整理・比較したり，得られた情報をわかりやすく発信・伝達したり，必要に応じて保存・共有したりといったことができる力であり，さらに，このような学習活動を遂行する上で必要となる情報手段の基本的な操作の習得やプログラミング的思考，情報モラル，情報セキュリティ，統計等に関する資質・能力等も含むものである。こうした情報活用能力は，各教科の学びを支える基盤であり，これを確実に育んでいくためには，各教科等の特質に応じて適切な学習場面で育成を図ることが重要であるとともに，そうして育まれた情報活用能力を発揮させることにより，各教科等における「主体的・対話的で深い学び」へとつながっていくことが一層期待されるものである。

この項では情報活用能力の育成と ICT ということで述べてきたが，上記の『新解説』からもわかる通り，ICT を使用することが情報活用能力を育むことなのではないことに注意したい。「情報」は，書籍や新聞など，多様なメディアに含まれている。本校ではそのような情報活用能力の育成についても研究を進めており，例えば本校国語科では図書室のメディアを活用した事例，本校社会科では新聞を活用した事例を実践していることもここに報告しておく。また，コンピュータをはじめとする ICT 機器は，主体的・対話的で深い学びを実現するための「ツール」にすぎないということも重ねて確認しておきたい。

2　総合的な学習の時間のカリキュラム・デザイン

（1）「総合的な学習の時間」（TOFY）の位置付け

　本校の総合的な学習の時間は，TOFY と CAN という大きな二本柱で授業を行っている。CAN では，職場体験学習などのキャリア教育を主に行っている。TOFY とは，「Time of Fuzoku Yokohama」の略称である。生徒自らが設定したテーマにしたがって，調べたり考察したり実験したり創作したりすることによって，新たな提言を行う探究的な学習を行っている。

　TOFY を通して身に付けさせたい力は，次の3つである。
・自ら見いだした課題について，見通しをもって多面的，多角的に考え調べる力
・得られた根拠を基にして，自らの考えを提言したり，思いを工夫して表現したりする力
・調べたり提言したり表現することを通して，自己の生き方について考える力

　本校では TOFY を，各教科で学んだ個別の知識・技能や教科横断的なスキルを，自ら見いだした課題の中で活用することにより，それらを統合化・総合化し，更なる問題解決能力の育成を図るための学習と位置付けている。

（2）　3年間を見通した学びのプロセス

　1年次は，「TOFY 基礎」と位置付け，探究学習を一人一人の力で行えるように，次の3つのスキルの習得を目指し授業を行っている。
・コミュニケーション：対人コミュニケーション，インタビューの方法など
・レポート：レポートの作成方法，情報の集め方や保管の方法など
・プレゼンテーション：目的や条件に応じた話し方，プレゼン資料の作成方法など

　1年次の後期からは，「TOFY 基礎」で学習したスキルの活用の場を設定している。学年で設定した共通テーマに基づいた具体的な課題解決活動を通して，スキルの定着を目指している。

　2年次から，個人探究学習に入る。2年次の前期では，研究テーマの設定を行う。個人研究テーマをもとに，次の①～④の講座に分かれ，各講座に担当教師が2～4名つき，指導に当たる。

　①人文・社会科学講座，②科学技術講座，③健康科学講座，④芸術講座。

　2年次の後期からは，講座担当教員の指導のもと個人探究活動に入る。文献や Web 検索等から情報を集めたり，専門家にインタビューをしたり，実験や創作活動をしたりする中で，課題の解決に向け活動を行う。学年末の3月に中間発表会を行い，ここまでの研究の進捗状況を発表するとともに，中間報告レポートを作成する。

　3年次も，2年次からの探究活動を引き続き行う。探究活動と並行して，研究レポートの作成を行う。7月に研究レポートを完成させるとともに，成果発表会にてこれまでの研究内容と成果を保護者や他学年の生徒にプレゼンテーションする場を設けている。

　以下，各学年の具体的な取組を紹介していく。

（3） 1年次の取組
① TOFY基礎

1年次の前期は，前述した3つの探究活動のためのスキル習得を目指し授業を行っている。

「レポート」講座では，課題解決のために必要な情報を整理し分析する力や，調べた内容を要約したり図表を用いたりして，わかりやすく表現する力の育成を目指し授業を行っている。具体的には，レポート作成における要点の理解，見本のレポートを批判的に読み良い点や改善点を見いだす授業，改善点を基にレポートを

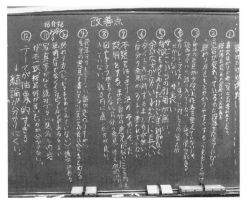

班で改善点を挙げる授業の板書

作成し相互評価を行う授業，などを行っている。指導に当たっては，探究活動の手順を説明するとともに，その内容を読み手にとってどうすればわかりやすく伝えられるかを，具体例を示しながら生徒に見いださせるようにしている。

「プレゼンテーション」講座では，他者に情報をわかりやすく伝えるためのプレゼンテーション能力の育成を目指し授業を行っている。具体的には，プレゼンテーションの要点の理解，図形や地図を言葉だけでわかりやすく説明する練習，課題についてフリップボードを作成し，それを用いて3分間で発表を行う授業，などを行っている。指導に当たっては，必要な情報を取捨選択しながら，簡潔にかつ分かりやすく表現するにはどうすれば良いかを生徒に見いださせるようにしている。

「コミュニケーション」講座では，お互いに情報・感情・思考等を伝えあうためのコミュニケーション能力の育成を目指して授業を行っている。具体的には，コミュニケーションを図るための要点の理解，自分の話し方・聞き方の自己分析の授業，自己紹介を基にしたコミュニケーション演習，専門機関への訪問やインタビューのための電話やメールでのアポイントメントの取り方やロールプレイング演習の授業などを行っている。指導に当たっては，日常生活での振り返りを合わせて行い，学習したコミュニケーションスキルを毎日の生活にどのように生かせるかを考えさせるように指導している。

②課題解決学習（サイバー犯罪防止プログラム）

後期からは，前期に学習したスキルの活用の場を設定し，スキルの定着を目指す。探究課題は年度によって変わるが，昨年度はサイバー犯罪防止プログラムの作成を行った。具体的には，警察署の方の講演を聞いたり，調べ学習を行ったりしてサイバー犯罪に関する基礎的な情報を集めさせる。情報を基に，携帯電話・インターネット等の正しい利用方法

近隣の小学校での発表の様子

についてグループごとにプレゼンテーションソフトを活用してスライドを作り，発表を行った。年度末には，近隣の小学校や本校への新入生にも発表を行った。

（4）　2年次の取組
①研究テーマの設定

　2年次から個人探究活動に入り，まず個人研究テーマの設定を行っている。テーマ設定においては，マインドマップを活用して，記憶や思考を整理し，自分の興味や関心を表出させ視覚化させる活動を行っている。それを基に，仮の研究テーマを設定する。設定の際には，次の事項を注意点として指導している。

・問いの形にする…「なぜ・どうすれば〜か？」「〜とは？」など
・研究活動の継続が可能なものにする…すでに結論が見えていないか，1年間をかけて探究活動に取り組めそうかなど。
・調べ学習で終わらないものにする…インタビューや調査，実験，制作などを通して，具体的に検証できるものか。社会や暮らしをよりよくするような提案性のあるものかなど。
・研究の見通しが立つものにする…参考文献・資料はそろっているか，中学生の力で実証できるのかなど。

　テーマ設定の際には，生徒同士によるテーマの相互評価も行っている。考えたテーマが上記の注意点を含めて妥当かどうかを，友達同士で批判的に判断し合う場を設定している。また，テーマがどの教科の学習とつながりがあるかを考えさせている。それにより，各教科で学んだ知識や技能，学習スキルを自覚的に探究活動に活かせるようにしている。さらにテーマとつながりのある教科の指導者からアドバイスを受け，ここまでのテーマ設定に約2〜3ヶ月をかけるようにしている。テーマ設定は，その後の探究活動に大きく影響することから，複数の視点から何度もアドバイスをもらい，検討を行うことを重視している。

②　探究活動と中間発表会

　後期からは，設定したテーマごとに4つの講座に分かれて探究活動を行う。探究活動を始めるにあたり，オリエンテーションを行い，校外で活動する際の各種手続き方法，研究の進め方，研究レポートの書き方等の説明を行っている。それを基に今後半年間の研究計画を立てさせている。例年生徒は主体的に研究を行っているが，ややもすると，単に調べ学習に終始してしまう場合がある。そのようにならないよう，研究とは「問いを持ち自分なりの考えを導き出すこと」と意識付けしている。また，最後にまとめる研究レポートについては，「研究したことを，証拠（根拠）を通して結果の正しさを他人にわかってもらうこと」ということを押さえたうえで，探究活動を通して主張したいことの根拠や論拠を見いだしたり，集めたりすることが大切であることを指導している。

　講座担当教員は，生徒の探究活動が円滑かつ質の高いものとなるように支援を行う。実験や制作を行う前には，計画の見通しを生徒ともに確認したり，アンケート調査を希望する生徒には，アンケートの目的と内容の検討を行いアドバイスを与えたりする。また，進捗状況を随時個別に確認しながら，生徒が見落としている異なった視点からのアドバイスなどを行うようにしている。3月には，中間発表会を全校行事として実施している。1年生にとっては，4月からの自分たちの研究を見通す場となり，3年生は研究を終えた立場から先輩研究者として個々にアドバイスを行う場となっている。

(5) 3年次の取組

3年次の7月に，約1年半に及ぶ探究活動の成果を研究レポートにまとめるとともに，研究成果発表会を行っている。全校行事として行い，入学を希望する小学生と保護者にも一般公開している。また，秋に中高大連携の発表会を行っている。本校代表生徒と連携校である県立光陵高等学校の代表生徒，横浜国立大学の代表の学生による合同の研究発表会を行い，全校生徒で参観している。以下，今年度の生徒の具体的な研究内容を紹介する。

●生徒Aの研究内容「ビニール袋でコンビニ弁当を崩さず運ぶには？」（科学技術講座）

研究の動機は，コンビニでお弁当を買い自宅まで持ち帰ったとき，運んでいるうちにお弁当の中身が崩れてしまったことが何度かあり，それを解決することができないかと思ったことである。研究の内容は，空のお弁当の箱に色つきのBB弾を入れ，どのような条件のときに，中のBB弾が乱れるのかを，実験を通して明らかにしていった。研究の結論としては，加速度が小さくなるような歩き方や，崩れにくい袋の持ち方を提案した。理科の授業で使用した記録タイマーという実験器具を活用したり，力のつり合いや慣性の法則という科学的な概念を研究に活用したりと，教科学習とのつながりのある研究であった。

中高大連携発表会での様子

●生徒Bの研究内容「日本語オノマトペの特徴と可能性とは？」（人文科学講座）

研究の動機は，1年次の国語の授業でオノマトペについて学習し，言葉にしにくい感覚的なものを表現するオノマトペに面白さを見いだしたからである。研究の内容は，文献から基礎的な知識や情報を集めたり，国立国語研究所が主催した「オノマトペの魅力と不思議」というフォーラムに参加して専門的な知識や研究の最前線の情報を集めたり，消費者の購買意欲を喚起するオノマトペについて，お菓子メーカーにアンケートやインタビューを行ったりした。研究の結論としては，オノマトペを意識的に活用することで，日常生活や社会において様々な可能性が広がることを提案した。国語科で身に付けた，言葉による見方・考え方を生かした研究であった。

(6) 今後に向けて

年を追うごとに生徒の研究内容の質の高まりを感じている。しかし，個人研究活動というのは非常に高いレベルでの問題解決能力を必要とする。目指すべき到達点は，生徒が学校で身に付けた様々な力を社会や日常生活，人生において活用できることである。各教科で育まれた資質・能力や見方・考え方を，社会とつなぐのが総合的な学習の時間の役目である。その練習の場がTOFYである。各教科で身に付けた数々の問題解決のための見方・考え方やスキルを，自分の探究課題に合わせて，どの見方・考え方，スキルを活用できるかを考え，試してみて，その有用性と適応範囲を自覚する。そのための3年間を見通したカリキュラム・デザインの探究と，さらなる教師の指導力向上が求められる。

3　道徳教育における試み

（1）『新解説』に見る道徳で目指す学ぶ姿

　平成31年度より「特別の教科　道徳」が週1時間実施されることになっている。『新解説』では，道徳教育の目標に「道徳的諸価値についての理解を基に，自己を見つめ，物事を広い視野から多面的・多角的に考え，人間としての生き方についての考えを深める学習」とある。さらにこれらを通じて，よりよく生きていくための資質・能力を培うという趣旨を明確化するため，「道徳的な判断力，心情，実践意欲と態度を育てる」ことが強調された。そこで本校ではこれを受けて，できるだけ体験的な活動を取り入れて真摯に自己と向き合い，人間としての生き方の自覚を深め，自立した個人としていかによりよく生きるべきか，自ら考え判断し行動する姿を目指して道徳の授業を行っている。

（2）　今年度の実践例（3年生）単元名「こころの授業Ⅲ」

①道徳で指導すべき内容と学ぶ姿をつなぐ授業の工夫

1）3年間継続して行う単元構想

　毎年秋に，養護教諭とスクールカウンセラー（以下SC）が協働して道徳の授業を行う実践を始めて3年目となる。養護教諭とSCが道徳の授業に関わる意義については『附属横浜中』（2017）に述べた通りである。『新解説』では，道徳教育で指導すべき内容項目を4つの視点で示しているが，この養護教諭とSCが連携して行う道徳では，1年次は主として自分自身に関わること，2年次は主として人との関わりに関すること，3年次は主として集団や社会との関わりに関することをテーマとして，3年間の学びに関連性と発展性を明確にできるようにした。

　　3年間の総合テーマ：「こころの授業〜自主的・主体的な自己形成を目指して〜」
　　　○一昨年度（1年生対象）「こころの授業Ⅰ」：「個」の関わりから学ぶ。自分をしる。
　　　（自分からみた自分）〜自己形成に向けて，自分探しから始めよう〜
　　　○昨年度（2年生対象）「こころの授業Ⅱ」：「他者からみた自分」を意識する。
　　　　〜自分を客観的に捉え，他者と共によりよく生きるための考え方を探ろう〜
　　　○今年度（3年生対象）「こころの授業Ⅲ」：「社会からみた自分」を意識する。

2）生徒の豊かな学びを支える「特別の教科　道徳」の役割

　これからの道徳授業は，今後，生徒が新しい時代に必要となる「資質・能力」の育成を目指して豊かな学びを積み重ねていく上で，重要な役割を果たすと考える。

　本校の各教科の授業では，資質・能力の育成を目指して，生徒たちは多くの探究的な課題に取り組む。各授業のカリキュラムを見ても，そこでは，人や社会にとって何が幸せかを考える問題や，人が互いの違いをどのように受け入れ合うかを問う課題等がとても多い。「特別の教科　道徳」は，そのような課題と深く関わる一人一人の生き方・考え方について，真正面から投げかけることのできるものである。どんなに各教科の学習で知識や技能を身に付けても，それが生徒たちのこれからの人生や社会の幸せとどうかかわるかが理解されなくては意味がない。充実した道徳授業での体験は，生徒たちの「学びに向かう力・人間性等」の育成に大きく寄与すると考える。

②授業の概要

> 単元名「こころの授業Ⅲ」（3年生）：2時間扱い
> 　「集団」の関わりから学ぶ。（周りからみた自分）～集団の中の自分をしる～

1）単元構成
　ア　事前：各組で学級担任の指導のもと　IUE（アイ・ユー・エゴグラム）を実施
　イ　1時間目：SCと養護教諭による授業
　　・1・2年次の振り返りとマインドフルネスの体験・確認
　　・IUE（アイ・ユー・エゴグラム）実施結果による自己の自己志向自我状態と他者志向自我状態の傾向を知り，人間関係を築くための自己の課題を明確にする。
　ウ　2時間目：SCと養護教諭による授業
　　・マインドフルネスのワークの一環として，合気道の動きをとり入れ，受動，回避，対決，融合する動きの体験を通して，自分の気持ちを振り返り相手や周りに与える影響を考える。それによって，相手や集団（周り）と良好な人間関係を築くための関わり方を思考し，より成長するための自己の目標をたてる。

※ IUE（アイ・ユー・エゴグラム）検査の特徴
　　心の様々な自我状態を見るために自分に対する心のはたらきには自己志向エゴグラムを，他者に対する心のはたらきを他者志向エゴグラムを用いて分析し，明るく充実した心を維持し，気持ちのよい人間関係を築くためのヒントを得ることができる。

2）授業の実際と今後の課題
　ア　IUE（アイ・ユー・エゴグラム）の実施では，結果を基に自己理解に努めようとする生徒も多くいるが，人と比較したり，点数の高低など表面的な評価を気にする生徒もいた。自己の優れている面を発見することと同時に，短所も自分の特徴の一側面として受けとめ，自分すべてを肯定的に捉えられるような働きかけが必要と考える。
　イ　1・2年次にも行った呼吸に集中するワークを最初に行い，気持ちを落ち着けマインドフルネスを意識することで，自己をより冷静に見つめ，自己受容に努めることを目指した。検査結果を見て納得している生徒，意外に感じている生徒等様々であり，自己と向き合おうとしている姿が見られた。自己・他者に対する傾向を知った上で，適応タイプ別のアドバイスを踏まえ自己の課題をあげたが，この時間だけでの学びに終わらず実際の生活の中で継続して意識させていくことが課題である。
　ウ　受動・回避・対決・融合の4つの合気道を用いた体の動きを通して，その動きが心に与える影響や，自分の体の動きが相手や周りの心（感情）に与える影響を実感し，攻撃者・対応者・観察者の役割をそれぞれ体験し他者や周り（集団）との関わり方を考えた（図1）。例えば「受動」の動きでは攻撃者はすっきりするが，対応者は不快

図1　体と心のつながりを実感する体験をする生徒

感を抱き，観察者は仲の悪さを懸念し，「融合」の動きでは攻撃者・対応者・観察者にとって良好な関係を築けるというように自分の体の動きが心へ連動しその動きが相手や周囲（集団）に影響を与えることを感じ取っていた（**図2**）。以下の記述は，1人の行動が動き（対応）によっては対応者だけでなく見ている人にも影響を与えるため，人と関わる上で周り（集団）のことも配慮しながら過ごすことの大切さを表現していると解釈したものである。

③3年間のまとめ

　1年次では心理検査を用いて客観的な自己の傾向の理解に努め，レーズン・ワーク（意識せず食べる／意識して食べる）によってマインドフルネスの感覚を体験し，自己を俯瞰する重要さを提示した。自己を多面的・多角的に理解し，それを基に自己成長のための課題を設定した。2年次には，学習の関連性をもたせるために，前年度のワークシートを用いて振り返る作業から始めた。日々の生活を学習，塾，部活等で忙しく過ごす生徒にとって自己を見つめ直すことの困難さも示唆されたが，授業経過の中で思い出す生徒も多く見られ，学習のつながりをもたせることができた。

　今年度は，体と心の動きの繋がりに着目し，自身の心身の動きが相手や周囲（集団）に与える影響を考え，他者や周りとの良好な人間関係の築き方を意識させることを目標とした。自己や他者への理解に努め，思考力や想像力を発揮し，集団（周り）の中で自らのよりよい生き方を考えることを，日常生活の中で習慣化できるよう促していくことが今後の課題である。

　養護教諭とSCが協働して道徳授業に関わることで，精神的な悩みをもつ生徒がSCに相談したり，保健室来室生徒と養護教諭がマインドフルネスの体験を話題にしたりすることもあり道徳授業後も個別的な関わりに繋がるケースもみられ，成果が表れつつある。

他者との関わりは、良い関係を保てるようにしたい。エクササイズ③を受動・
回避・対決・融合を攻撃者・対応者・観察者になって行ってみたが、全てにおいて
少しずつ考えたことに違いが生じた。例えば同じ受動でも攻撃者はすっきりするが、対応者は一番
不快感を覚える。観察者は仲の悪さを心配するなど、良いイメージは抱かない。
攻撃者にとってはメリットがあるかもしれないが、対応者・観察者にメリットはない。
それに対して融合は、攻撃者・観察者・対応者皆にとって、メリットがある。人の行動は同じ
でも、対応によって当事者だけでない人（見ている人）にも影響を与えることがあると考えた。
"自分が良ければ全て良し"という自己中心的な人にならないように、対応者の気持ちを
シミュレーションしながら最善の道を選び過ごしていく。

図2　生徒の振り返り記述

≪参考≫　こころの授業Ⅲ　指導略案

	主たる学習内容	指導上の留意点・言語活動の質を高める工夫
事前	IUE（アイ・ユーエゴグラム）を実施，結果を出す。	・人との比較や点数にこだわるのではなく，自己受容し自己理解することの大切さを伝える。
1時間目	自分に対する心のはたらきと，他者に対する心のはたらきを知り，周りの人と関わる中で自分を成長させる方法を考えよう。 ○1・2年生時の学習の振り返りをする。 　マインドフルネスの体験（腹式呼吸1分間） ○IUEの適応タイプを知る。（結果確認） 　自己の適応タイプ・他者への適応タイプの確認。 ○自己・他者への適応スキルについてSCの話を聞く。 ○自分の結果をもとにグループで気付いたことや考えたことを話し合う。 ○2年前と今の自分を比較して成長している部分やさらに成長させていくための目標をワークシートに記入する。	・3年次では，自分の性格の傾向を意識させると同時に，自己の自我状態（行動パターン）と他者に対する自我状態の傾向を知り，良好な人間関係を築くために気をつけていきたいことを考えられるようにする。 ・いろいろな個性があり，お互い認め合いながら人と関わっていくことの大切さを説明する。 ・自己を成長させるための気持ちのもち方や考え方を助言する。（長所も短所も自分の特徴であり受け入れることが大事。）
2時間目	○前時の振り ○マインドフルネスについてSCの話を聞く。 　・観察：注意を向け，詳しく把握する・描写：言葉で表現する　受容すること　→状況を把握するセンサーの精度が上がり早期に対処できる。 ○体と心のつながりを実感する体験（2人組） ①腕を曲げようとする人/曲げられないようにする人 　→曲げられないようにするためには力が必要であることを体験する。 ②体の力を抜き，遠くを指さした状態であると，力を入れなくても曲がりにくいことを体験する。 ○合気道の動きを取り入れ自分の行動が相手や周りに与える影響を考える体験をする。 　＊攻撃者・対応者・観察者の3人組に分かれ，それぞれの役割をすべて体験する。 受動：一人が肩を押し，一人はされるがままに体をまかせる。 回避：相手の腕が肩に触れる前に出来るだけかわす。 対決：相手の攻撃に足をふんばって抵抗する。 融合：相手の動きに合わせて自分の体を動かす。 ・上記の体験についてグループ（3人）で感じたことや気付いたことを話し合う。 ・今後，他者や周り（集団）関わる上で気をつけていきたいことをワークシートに記入する。	・日頃の生活の中でマインドフルネスを意識して生活する習慣をつけることの大切さを理解させる。 ・体の動きが心と結びつき，人との関係に与える影響を実感することを意識させる。 ・無理に曲げようとしても曲がらない→とらわれすぎると思うようにならないこともある。気持ちのもち方で感覚が変わり，体の動きも変わることを意識させる。 ・攻撃者・対応者・観察者の立場から表情や体の動きを細かく観察し，4つのパターンの動きから生じる心（感情）の違いを意識させる。 ・1つの動きをする毎に振り返りを行い，感想・考察が曖昧にならないようにする。 ・自分の体の動きが相手や周囲に与える影響，相手や周囲の反応から受ける自分の心（感情）への影響を振り返る。動きの違いによる心（感情）の状態の変化を意識して記載するように指示する。

┃第1部┃基本的な考え方┃3┃

「プロセス重視の学習指導案」の考え方

～平成29年度「プロセス重視の学習指導案」の見方～

　求められる資質・能力をどう教科指導の中で育成をしていくのか，どのような授業デザインを行えばよいのか。『答申』では，各教科等の指導計画の作成と実施について，次のように述べている。

　　（単元等のまとまりを見通した学びの実現）

　　　各学校の取組が，毎回の授業の改善という視点を越えて，単元や題材のまとまりの中で，指導内容のつながりを意識しながら重点化していけるような，効果的な単元の開発や課題の設定に関する研究に向かうものとなるよう，単元等のまとまりを見通した学びの重要性や，評価の場面との関係などについて，総則などを通じて分かりやすく示していくことが求められる。（下線は筆者）

　つまり，資質・能力の育成においては，1時間の授業デザインに注目するだけではなく，単元というまとまりの中で授業をデザインする視点を持つことが大切であると述べている。1時間の中で「何がわかった」だけではなく，単元を通して「何ができるようになったか」，そして「どのように学ぶか」という学習プロセスを重視し授業デザインを行うことが肝要である。本校では，以前より「プロセス重視の学習指導案」を用いて授業研究，単元研究を行っている。『附属横浜中』（2016）（2017）を参考にしながら，ここではプロセス重視の指導案に取り組むことでの，授業デザインにおけるメリットを挙げていく。

・単元全体を見通すことで，効果的な学習方法を適切に選択し計画を行うことができる。単元の中では基礎的な知識・技能を習得する場面，その知識・技能を活用する場面，探究活動を通してそれらを見いだしていく場面，主体的な学びとなるように見通しと振り返り行う場面，対話的な学習を取り入れる場面，見方・考え方を働かせる場面など，多様な学習方法が考えられるが，単元全体を見通し学習のプロセスを重視することで，それらを生徒の実態，学校文化に合わせて意図的，計画的にデザインをすることができる。

・「評価規準」→「評価方法」→「主たる学習活動」→「指導の留意点」という流れで授業をデザインすることで，「何ができるようになるか」という教育の成果に着目して適切な学習活動を選択し，授業をデザインすることができる。

・深い学びの視点から授業をデザインする際には，学習する内容を様々な知識・技能，各教科や学校行事等での学び，社会や日常生活などと生徒が関連付けられるようにすることが大切である。つなぐ・ひらく授業デザインを行う上で，単元全体を見通した学習指導案は有用な指導案形式である。

　以下，今年度の「プロセス重視の学習指導案」の見方について，注釈を添えながら説明する。（なお，p. 35～の各教科の実践編の指導案は，簡略化したものを掲載しています。）

プロセス重視の学習指導案

理科　学習指導案

横浜国立大学教育学部附属横浜中学校　　田中　明夫

1　**対象・日時**　　1年B組　平成29年11月15日（水）6校時

2　**本単元で育成したい理科の資質・能力**

> 各教科の見方・考え方を踏まえ，育成を目指す資質・能力を単元（題材）の内容に即してまとめます。p.4の最上段と呼応します。

日常生活に関する課題を質的，実体的視点で捉え，科学的に探究する力

3　**単元の評価規準**

> 本単元（題材）で，とくにターゲットとなる指導事項について『参考資料』に基づいて評価規準を記載します。

（※平成23年11月『評価規準の作成，評価方法等の工夫改善のための参考資料』に基づいて作成）

自然事象への 関心・意欲・態度	科学的な思考・表現	観察・実験の技能	自然事象についての 知識・理解
①物質の溶解，溶解度と再結晶に関する事物・現象に進んで関わり，それらを科学的に探究しようとするとともに，事象を日常生活との関わりで見ようとする。	②物質の溶解，溶解度と再結晶に関する事物・現象の中に問題を見いだし，目的意識をもって観察，実験などを行い，粒子モデルと関連付けた溶質の均一な分散，溶解度と再結晶との関連などについて自らの考えを導いたりまとめたりして，表現している。	③物質の溶解，溶解度と再結晶に関する観察，実験の基本操作を習得するとともに，観察，実験の計画的な実施，結果の記録や整理などの仕方を身に付けている。	④水溶液中では溶質が均一に分散していること，水溶液から溶質を取り出すことなどについて基本的な概念を理解し，知識を身に付けている。

4　**単元「水溶液」について**

　物質の水への溶解を粒子のモデルと関連付けて理解させること，また，溶液の温度を下げたり，溶媒を蒸発させたりする実験を通して，溶液から溶質を取り出すことができることを溶解度と関連付けて理解させるとともに，再結晶は純粋な物質を取り出す方法の一つであることを理解させることがねらいである。

　この単元での主な見方（視点）とは，自然の事物・現象を主として質的，実体的な視点で捉えることである。質的な視点とは，物質の性質に着目することである。身の回りにある様々な物質を取り上げる中で，一見すると分別が困難なものについて，性質の違いに着目させ，課題を設定し，探究を行わせることにより，分類が可能であることを見いださせたい。また，実体的な視点とは，実体はあるが見えないレベルの事象を，粒子モデルを用いて微視的に捉えることである。

　考え方（思考の枠組み）とは，探究の過程の中で比較したり関連付けたりすることにより，身の回りの物質に関わる事象や現象の中に関連性や規則性を見出させることである。観察，実験の際には，見通しをもって実験を計画させたり，根拠を示して表現させたりするなど，探究的な活動となるよう指導していきたい。

5　**生徒の学びの履歴**

> 教科の本質を踏まえて，生徒のこれまでの学びと本単元との関連性について説明しています。また，生徒の学びに対する教師の願いも含めます。

　小学校では，第5学年で，物が水に溶けても，水と物とを合わせた重さは変わらないこと，物が水に溶ける量には限度があり，ものが水に溶ける量は水の温度や量，溶ける物によって違うこと，この性質を利用して溶けている物を取り出すことができることについて学習している。

　また，第3学年では身近な自然の事物・現象を比較しながら調べること，第4学年では自然の事物・現象を働きや時間などと関連付けながら調べること，第5学年では自然の事物・現象の変化や働きをそれらにかかわる条件に目を向けながら調べること，第6学年では，自然の事物・現象についての要因や規則性，関係を推論しながら調べることを学習している。中学校の理科の学習では，小学校で育まれたこれら問題解決の能力のさらなる育成を目指し指導していきたい。

<指導案－p. 1>

「プロセス重視の学習指導案」の考え方 ||||　31

6 能力育成のプロセス（10 時間扱い，本時□□は8

> 見開き（pp.2-3）で，単元等における授業者の指導と評価，生徒の活動を概観できるように記載しています。

次	時	評価規準 ※（ ）内はAの状況を実現していると判断する際のキーワードや具体的な姿の例 （①から④は，３の評価規準の番号）	【 】内は評価方法 及び Cの生徒への手だて
1	1-5	関① これまでに学んだことをもとに，本質的な問い「before & after」に取り組んでいる。（○）	【ワークシートの記述の確認】 C：正解を求めるための活動ではないことを伝えるとともに，小学校での学習の振り返りや生活経験を基に書くように促す。
		知④ ~~評価の観点と丸番号は，p.1の3「単元の評価規準」に対応しています。なお本書籍の第2部「各教科の実践」では，丸番号は省略しています。~~ について 付けて	【発言の確認】【ワークシートの記述の確認】 C：ファイルや教科書などを確認させる。
		思② 物質が水にとけるようすを，粒子のモデルを用いて表現している。（○◎） （A：溶質の粒子が溶液中に均一に散らばっている様子を，粒子モデルを用いてわかりやすく表現している。）	【発言の確認】【ワークシートの記述の分析】 C：溶質が均一に広がっている観察内容を確認させる。
	6-7	知④ 水にとける物質の量には，水の量や水の温度によって限界があることを説明できる。（○）	【発言の確認】【ワークシートの記述の確認】 C：ファイルや教科書などを確認させる。
		技③ 溶解度と再結晶に関する観察，実験の基本操作を行うことができる。（○）	【行動の確認】 C：実験方法についてファイルや教科書などを確認させる。
	8-10	関① 課題を科学的に探究しようとするとともに，日常生活や社会との関わりで見ようとする。（○）	【行動・発言の確認】【ワークシートの記述の確認】 C：課題に対する見通しを持たせるとともに，対話を通して課題への意欲を高めさせる。
		思② 物質の溶解，溶解度と再結晶に関する事物・現象の中に問題を見いだし，自らの考えをまとめ，表現している。（○◎） （A：科学的な概念や根拠を明らかにして，論理的にわかりやすく説明している。）	【行動・発言の確認】【ワークシートの記述の分析】 C：科学的な概念や根拠の妥当性を確認させる。論理的な説明になっているか推敲させる。
		知④ 物質の溶解，溶解度と再結晶に関する基本的な概念を理解し，知識を身に付けている（○◎） （A：正確に説明している。）	【発言の確認】【ワークシートの記述の分析】 C：既習事項を確認させる。

> 評価の過負担を避けるためにも，全規準について記録することはせず，指導に生かすための評価（○）と記録するための評価（◎）に整理します。指導に生かす評価（○）は全員のB達成を主な目的とするため，Aの状況は想定しません。

<指導案－p. 2>

32 ‖‖‖新しい時代に必要となる資質・能力の育成　Ⅲ

○は主に「指導に生かすための評価」，◎は主に「記録するための評価」

主たる学習活動	指導上の留意点	時
・小学校で学習した知識を思い出しながら本質的な問い「before & after」をワークシートに記入する。(a)	・過去にどのような実験，観察を行ったか，具体的に思い出させる。	1—5
・物質が水に溶ける様子の観察，実験を行い，実験結果を分析し，解釈して，考察を論述する。(b,c) ・物質が水にとけるようすを，粒子のモデルを用いて説明する。(d)	・班での話し合いや，自己の考えを記述させる言語活動を適宜取り入れる。	
・質量パーセント濃度の説明を聞き，計算についての基礎基本を習得する。(e)	・公式を説明するだけでなく，質量パーセント濃度のイメージをつかませる。	

（　）内アルファベット表示は，p.4 の (1) 単元構想にあたり意識した「つなぐ・ひらく」に対応しています。

主たる学習活動	指導上の留意点	時
・水溶液から溶質を取り出す実験を行い，物質が水に溶ける様子の観察，実験を行い，実験結果を分析し，解釈して，考察を論述する。(b,c)	・班での話し合いや，自己の考えを記述させる言語活動を適宜取り入れる。	6—7
・溶解度の差を利用した再結晶の仕組みについて，説明を聞く。	・溶けきれなくなった物質が再結晶として既出するイメージをつかませる。(f)	

本単元の中心となる課題や単元を貫く問題意識を□で囲んで提示します。

主たる学習活動	指導上の留意点	時
【活用課題】　「味噌を減塩しよう」 　あなたは，食品会社の新商品開発部長です。健康ブームにのり，新たな商品『減塩みそ』を開発することになりました。そこでまずは，基礎研究として，味噌に本当に食塩が含まれているのか確認することにしました。味噌に食塩が含まれているか確認するための実験方法を考え，実験を行いなさい。(g)		8—10
・これまでの学習を振り返り，味噌から食塩を取り出す方法に使えそうな知識や技能を整理する。		
・実験計画についてグループで話し合い，グループの考えをホワイトボードにまとめる。	・習得した科学的な概念や用語を使用させる。(h) ・粒子モデルを使用して説明させる。(d)	
・グループでまとめた考えについて，科学的な概念や根拠を基にした話合いや発表，討論を行う。	・習得した科学的な概念や用語を使用させる。(h) ・必要に応じて質問しながら聞き取り，自分の考えとの共通点や相違点を見いだす。(i)	
・実験を実施し，結果を分析して解釈する。(c)		
・再構築した自分の考えを論述する。	・科学的な概念や根拠をもとに論理的にまとめさせる。(h,i)	

＜指導案−p．3＞

「プロセス重視の学習指導案」の考え方 ‖‖‖ 33

7 学びの実現に向けたカリキュラム・デ

> p.1の2「本単元（題材）で育成したい各教科の資質・能力」を,
> 生徒の実態や学習課題に即して,生徒の学ぶ姿でイメージします。
> 本単元ではこの姿の実現を目指して授業を展開します。

【本単元で目指す生徒の学ぶ姿】

・習得した知識や技能を活用し,味噌から食塩を取り出すための実験方法を立案し,科学的な概念や根拠を基に説明している姿
・実験結果を分析し解釈して,科学的な概念や根拠を基に自らの考えを論理的に説明している姿

> 上記の「学ぶ姿」を実現するための指導の工夫です。本書籍理論編や『附属横浜中』(2015)(2016)で整理した指導の工夫の中から,教科の特質や学習課題に合うものを選び,具体的に説明しています。

【学びの実現のための指導の工夫】

単元構想にあたり意識した「つなぐ・ひらく」

> p.3の(　)アルファベット表示と対応しています。どのようなことと「つなぐ・ひらく」のか,その具体や意図が書かれています。

・本単元における本質的な問いに答える。これまでの〔　　〕びとつなぐ。(a)
・班での話し合いや,自己の考えを記述させる言語活動を適宜取り入れることで,体験（実験）と言語をつなぐ。(b)
・観察,実験の結果を,比較させたり関連付けたりさせながら,分析,解釈を行わせることで,理科の考え方とつなぐ。(c)
・粒子モデルを使用することで,理科の見方とつなぐ。(d)
・小学校算数での体積や割合の学習内容とつなぐ。(e)
・溶解度曲線と再結晶のイメージを明確につかませることで,2年天気の単元で学習する飽和水蒸気量の概念へひらく。(f)
・健康や食品に関連する文脈を取り入れることで,日常生活と学習内容をつなぐ。(g)
・習得した科学的な概念や用語を使用させることにより,これまでの単元での学びとつなぐ。(h)
・根拠を基に考えさせたり,論理的に記述させたり,質問しながら聞き取らせることにより,他教科（国語）の学習スキルへひらく。(i)

(1) 見通す振り返る学習活動の充実

　学習を主体的に進めることができるようにするために,科学的な探究の過程を「見通す」学習活動を設ける。具体的には,課題に対する仮説を考えさせたり,結果の予想をさせたり,これまでに習得した知識や技能を活用して実験の計画を立てさせたりする。また,見通しを持たせることによって,学びが連続し,情報としての知識や技能が関連づいていくことも期待したい。

　自らの学びを意味付けたり,価値付けたりして自覚させるために,科学的な探究の過程を「振り返る」学習活動を設定する。具体的には,一連の科学的な探究の過程を俯瞰させ,観察,実験結果を根拠として導かれた結論を明らかにし,科学的な概念を構築させる。振り返りを通して,学習内容を現在や過去の学習内容と関連付けたり,一般化させたりする。また,学習内容と自らをつなげ自己変容を自覚させたい。

(2) 言語活動の充実

　単元全体を通して,意図的計画的に言語活動を設定する。具体的には,課題解決の方法をグループの仲間と共有したり,他のグループに解決方法を説明したり,実験・観察から得られた結論を,まとめさせたりする。他者への説明によって,つながりのある構造化された知識への変容と,他者からの多様な情報を得ることで,構造化された知識の質的高まりを目指したい。

> ここには本単元の課題解決に必要となると考えられる指導事項を,あらかじめ既習事項を含めて整理します。「学びを支える」という意味で授業デザインの最下段にまとめました。

【本単元での指導事項】　※（既習）は既

・物質が水に溶ける様子の観察を行い,水溶液の中では溶質が均一に分散していることを見いだす。
・水溶液から溶質を取り出す実験を行い,その結果を溶解度と関連付けて捉える。
・実験器具の操作,記録の仕方などの技能を身に付ける。（既習）

●参考・引用文献 『附属横浜中』(2015),学事出版,pp.74-77.

＜指導案－ p．4 ＞

34　‖‖‖ 新しい時代に必要となる資質・能力の育成　Ⅲ

第2部

各教科の実践

国語科
社会科
数学科
理　科
音楽科
美術科
保健体育科
技術・家庭科
英語科

┃第 2 部┃各教科の実践┃

実践例①〜②

国 語 科

1 国語科で育成する資質・能力と実現したい生徒の学ぶ姿

『新解説』では，国語科で育成する資質・能力を以下の三つにまとめている。

（1）社会生活に必要な国語について，その特質を理解し適切に使うことができるようにする。

（2）社会生活における人との関わりの中で伝え合う力を高め，思考力や想像力を養う。

（3）言葉がもつ価値を認識するとともに，言語感覚を豊かにし，我が国の言語文化に関わり，国語を尊重してその能力の向上を図る態度を養う。

（1）（2）のように，コミュニケーションツールとしての言葉の力を身に付けさせることはもちろん重要だが，本校国語科として特に重視しているのが（3）である。

言葉の価値を認識し，豊かな言語感覚を育み，国語を尊重する態度を育成するには，生徒たちが言葉の様々な側面に，体験的に出会う機会を設けることが必要になる。例えば，言葉を通して他者とより深くつながることができたり，自分自身を見直すことができたり，新たな発想を得たりすることができる体験である。そして，そのような体験の意味を，言葉を視点として振り返ることで，言葉の概念を豊かに形成し，言葉を自覚的に用いることのできる言語生活者を育てたいと考えている。

2 国語科の「カリキュラム・デザイン」における工夫点

（1）学びの連続性を意識するための取組

本校では，一つの単元が終わると，その単元での学習活動を価値付ける「単元レポート」に取り組む。学習活動について，言葉の働きを視点として振り返ることのできるレポート課題を設定し，そのように考えた根拠や論拠を明確にさせながら書かせることで，その単元内はもちろんのこと，過去の学習活動とのつながりも意識させたいと考えている。それは，年度末に1年間の学びを見渡して作成させる「ポートフォリオ」にも共通する。ポートフォリオの作成を通して，1年間の多様な活動を貫いて働いていた「言葉による見方・考え方」を自覚させることをねらっている。さらに，一昨年度から取り組んでいる「言葉ノート」（『附属横浜中』（2017））も，言葉への認識や自覚を深めるための重要なツールである。教員は，これらの取組から生徒の言葉の学びの実態を捉え，次のカリキュラム・デザインへの指針とするようにしている。

（2）国語科で言語活動の基礎を培うこと

国語科で育む言語能力は，探究的な課題に取り組む他教科の授業においても重要な役割を果たしている。本校でも話すこと・書くことを中心に，各学年の国語の授業で指導したことを他教科の教員に発信し，各教科での実践的な文脈の中で使ってもらうことで，教科横断的なカリキュラムの実現をねらっている。また，各教科学習や特別活動で，どのような言語能力を必要としているのかについて，積極的に情報収集するようにしている。そこで得た情報

を，国語科の指導事項と関連付けて，カリキュラム・デザインに生かすように心がけている。

3　実践の成果と今後への課題

　今年度の国語科のカリキュラム・デザインに当たっては，必要な知識や技能を確実に身に付けさせつつ，「言葉による見方・考え方」を働かせ，生徒たちが新たな言葉の認識にたどり着く経験となるかを常に意識してきた。

　その経験の具体としては，まず，生徒たちが当たり前に使っている言葉を改めて見直す視点での実践が挙げられる。例えば，生徒が日常的に各教科の授業で要求されている，「根拠を明確にする」という行為を対象化した実践である（本書籍 pp.38-41に実践例）。そんなことは当然できていると考えていた生徒たちの思考を揺さぶり，言葉で論理性を担保することの難しさへの認識につなげた。

　また，言葉に新しい論理性を見いだす題材にも取り組んだ。例えば，1年生の「言葉ポーカー」の実践である。これは，単元「詩の世界」の発展課題として行った。様々な語句が書かれたカードの束から，各自に配布された5枚のカードのうちの3枚を利用して，ひとまとまりの詩句を作る。「明るい」「日の」「シーラカンス」とか，「湖」「のような」「目薬」など，様々な詩句ができあがる。それらに，各自が自分なりの解釈を添え，それを互いに交流することを通して，それぞれの言葉がまとう文脈を広げ，言葉に新たな論理性を見いだす体験につなげようとした。

　さらに，生徒一人一人の内面に育まれる「ことば」を対象とする単元にも取り組んだ（本書籍 pp.42-45に実践例）。その際，「言葉ノート」の取組と関連付けることは大変有効だと感じた。人に見せたり，伝えたりするための言葉だけではなく，一人一人の中に立ち上がった言葉を大切にさせること，また，言葉にならない思いに向き合うことも，生徒たちにとって価値ある言語体験だと考えた。

　これらの実践はいずれも，生徒たちの中で既に形成されている言葉の概念に，揺さぶりをかけることをねらいとした。それぞれの言語体験は，単元レポートで価値付け，年度末にポートフォリオを作成する時まで，すべてファイリングさせている。このようなカリキュラムの工夫を通して，1に掲げた国語科で目指す生徒の学ぶ姿はかなり実現できたと考える。

　しかし，このような挑戦的な課題を取り入れたカリキュラム・デザインに当たっては，身に付けさせたい力や「目指す生徒の学ぶ姿」に即して，私たち教員が生徒のパフォーマンスを適切に評価できるかが大きな課題であった。結局は，どんな言葉の力を身に付けさせることが生徒の生活や人生の豊かさにつながり，さらには社会の幸せにつながるのかを，教員自身が日々，問われていると感じる。このような課題を適切に設定するには，これまで以上に，「言葉とは何か」という視点で教材開発や単元構想を工夫する必要がある。

　探究的な課題に取り組む他教科の授業を参観しながら，その対象が何であれ，人間の思考活動を支えるのは，間違いなく言葉の力であると確信した。生徒たちは国語の授業を通して身に付けた力を生かして，資料を読み込み，話し合いを進め，表現活動をしている。その中心をなす言葉による認識・思考・表現こそ国語科が担うべき課題であると，改めて責任の重さを痛感している。

国語科　37

●第2部／「Fy の魅力と課題再発見！」・2年生

国語科実践例①

1 単元で育成したい国語科の資質・能力
　　〔目指す生徒の学ぶ姿〕

　自分の考えを支える根拠や論拠の適切さについて考えを深めることで，効果的に描写する力
〔より適切な根拠や論拠とはどのようなものかを吟味しながら，効果的に文章で表現し，読み合うことで，自分の考える附属中の魅力と課題を他者と共有しながら再認識する姿〕

2 単元について

　本単元「Fy（Fuzoku Yokohama の略）の魅力と課題再発見！」は，いくつかの説明文を読み比べ，根拠や論拠を適切に示すとはどのようなことかを学んだうえで，「書くこと」につなげようとするものである。

　生徒はこれまで様々な言語活動に取り組んできた。その際自分の意見や考えに根拠や論拠をもたせることを意識してきた。しかし，活動の見取りから，一見それらしく成り立っていそうな意見や考えの中に，事実のない根拠や，信憑性に欠ける論拠を示している様子があった。

　生徒が考える本校の魅力と課題をまとめた文章について，「言葉による見方・考え方」を働かせながら批評することで，根拠や論拠の適切さについて考え，言葉による論理性を再考する単元を目指したい。

3 単元の学びを支える指導事項
　　（◎特に身に付けたい指導事項，・機能的
　　習熟を目指す既習事項）

◎自分の立場や意見が効果的に伝わるように，根拠を説明したり具体例を用いたりして文章を書いている。（書くウ）
◎読み手に自分の考えやその根拠などが効果的に伝わるように文章の展開を工夫している。（言語イ（オ））
・日常生活の経験等の中から，図表を用いて説明するにふさわしい事柄を見付け，その内容を簡単にまとめている。（書く1年ア）
・説明されている事実と図表との関係を整理して文章の要旨を捉えている。（読む1年イ）
・意見と根拠の関係，文や段落のつながりなどに注意して読み手に伝わりやすい文章にしている。（書くエ）

4 単元構想で意識した「つなぐ・ひらく」
（1）「言葉ノート」の取組とつなぐ

　生徒は継続的に「言葉ノート」（『附属横浜中』（2017））に取り組んでいる。2年目に当たる今年度は，1年間を通して書き留めた言葉を振り返りながら自己分析をし，自分を客観的に見つめることを目指している。そのためには，その言葉になぜ目を留めたのかについて，根拠や論拠を明らかにできることが必要になる。本単元では，言葉ノートの振り返りを導入で扱い，根拠や論拠について考える足掛かりとする。

（2）複数の文章を比較させることで，言葉
　　　による見方・考え方を他教科とつなぐ
本単元では，言葉による見方・考え方を働かせながら，根拠や論拠の示し方の異なる3つの説明的文章を読み比べることで，他教科での根拠や論拠の示し方との関係を整理させる。

（3）批評や TOFY 学習にひらく

　自分の考えや意見，主張に対して，根拠や論拠を適切にしながら文章を書く活動を通し

38 ‖‖‖ 新しい時代に必要となる資質・能力の育成 Ⅲ

て，3年次の批評文や，社会に向けて提案性のある課題を自ら設定し，根拠や論拠を明確にしながら課題解決を図る TOFY の活動に取組む際に必要な資質・能力へひらく。

5 授業の実際

本単元を始めるに当たり，各教科での指導が異ならないように，まず，他教科の教員と「根拠」や「論拠」について共通理解する時間をもった。その上で，授業では，根拠については「事実」，論拠については「事実を基に解釈した考え」と定義付けた。その際生徒からは，根拠や論拠の類別について，「客観的」「主観的」「科学的」「経験則」など多様な視点が生まれた。

それらを基に，まず，これまで各自が言葉ノートに書き留めた記述を振り返り，なぜ惹かれたのかについて分析させ，根拠や論拠があいまいな記述が多いことを自覚させた。（1時）

次に，根拠や論拠の適切さを追究するために3つの説明的文章を読解・比較し，根拠・論拠・意見が，どこに，どのように示されているのかをグループで分担して整理し，発表を通して全体で共有することによって，「根拠や論拠を適切にする」ということがどのようなことかについて，知識を習得する機会とした。（2—4時）

そうして身に付けた知識を活用し，生徒は，本校の魅力と課題を語る上での視点を自分たちで決め，どのように根拠や論拠を示せばいいのかを模索した。ある生徒は，本校生徒の清掃活動に取り組む姿勢を切り口として魅力と課題を伝えるために，クラスにアンケートを取り，全国の中学生を対象としたアンケートと比較（図1）することによって，そこから論拠や意見を示した。

その後，タブレットの Word アプリを用いて完成させた文章を互いに読み合い，魅力と課題について「根拠や論拠を適切にする」こ

図1 アンケートの比較・分析の様子

とができているか議論させた。また，自分や他者が感じた魅力と課題について，共通点や相違点を発表し合うことで，本校の魅力と課題，さらには互いの考え方について再認識する姿が見られた。（8・9時）

挑戦的な評価課題を設定し，生徒たちの思考を揺さぶることで，根拠や論拠を適切にすることの難しさについて話し合い，記述する生徒の姿が多く見られた。その際，教師が適切に生徒の思考を読み取りながら評価することの難しさを感じた。また，生徒の学びを価値付けることの重要性を再認識した。以下は2人の生徒の振り返り（9時）の記述の一部である。

（伊藤　翔行）

［資料］　資質・能力育成のプロセス（9時間扱い）

次	時		評価規準 ※（　）内はAの状況を実現していると 判断する際のキーワードや具体的な姿の例	【　】内は評価方法 及び Cの生徒への手だて
1	1	関	より適切な根拠や論拠とはどのようなものか を考えようとしている。（○）	【発言の確認】 C：言葉を書き留めた時の自分を振り返らせ， 　どのような心情や立場だったのか。そのよ 　うに感じた根拠や論拠を具体的に考えさせ 　る。
	2 ｜ 4	言	実験，観察，調査，ものの見方や考え方な ど，目的や意図によって変わる根拠や論拠の 適切さについて考えている。（○）	【発言の確認】 C：事実と意見が書かれた部分を読み比べさ 　せ，違いについて考えさせる。
2	5	言	自分の考えや意見が，読み手に伝わるよう に，根拠や論拠を適切に示しながら文章の展 開を工夫している。（○）	【ワークシートの記述の分析】 C：文章の構成を考えながら，段落や文，単語 　のもつ効果を，既習事項を振り返らせる 　ことで根拠や論拠の適切な示し方に気付かせ 　る。
	6 ｜ 9	書	自分の考えや意見が読み手に伝わるように， 根拠や論拠を説明したり具体例を用いたりし て文章を書いている。（◎） （A：事実や事柄，意見や心情に根拠や論拠を示 　し，相手に効果的に伝わるように書いてい 　る。）	【記述の分析】 C：示した根拠や論拠に対して，実際に体験し 　たことや具体例を書かせることで，根拠や 　論拠が明確になることを気付かせる。
		言	これまでの自分の根拠や論拠の示し方を振り 返り，根拠や論拠を示したり，具体例を用 いる効果について説明している。（◎） （A：根拠や論拠の適切さについて考え，具体例 　を用いることで，どのように今後の学習や生 　活に生かすか具体的に説明している。）	【振り返りレポートの分析】 C：Ⅱ期のはじめに取り組んだ，根拠について 　考えたワークシートや言葉ノートを参考に 　しながら，根拠や論拠の適切さ，言葉の持 　つ力について考えさせる。
		関	自分の考えと他者の考えを比較し，改めて気 付いた本校の魅力を再認識しようとしてい る。（◎） （A：根拠や論拠を適切にすることで，共感でき 　たり・納得できたりすることに気付き，魅力 　を再認識しようとしている。）	【振り返りレポートの分析】 C：同じ視点で書かれた文章を読ませ，他者が 　感じた魅力と，自分が感じた魅力を比較さ 　せ，違いに気付かせる。

○は主に「指導に生かすための評価」，◎は主に「記録するための評価」

主たる学習活動	指導上の留意点	時
・本単元の課題を提示する。 【課題】 次年度，最高学年を迎える70期生として，Fy の魅力と課題を再発見しよう。 ・「根拠」「論拠」の意味を確認する。 ・前回の言葉ノート交流会で紹介した言葉について，適切な根拠や論拠があったかについて，話し合う。 ・Ⅰ期に学習した「説得力のある意見文」での活動を振り返りながら，「説得」と「納得」ではどのような違いがあるのかを確認する。	・魅力に対して視点の例をいくつか挙げる。 ・自分達の学校生活に関わる活動であることを伝え３年次への活動や生活につなげる意識付けをする。 ・辞書を参考に，どのような使い方をするか考えさせる。 ・書き留めた言葉に着目させ，その時の自分の心情や立場がどうだったのか，また，他者が見たとき分かりやすく示してあるかを視点に，お互いの意見を交流する。 ・納得できる文章とはどのようなものかについて確認する。「説得力のある意見文」との違いを確認し２次への意識付けとする。	1
・①「生物が記録する科学-バイオロギングの可能性」②「モアイは語る-地球の未来」③「君は『最後の晩餐』を知っているか」を読み，筆者が，意見や主張に対してどのように根拠や論拠を示しているか。３つの説明的文章の違いを比較する。	・実験，観察，調査，ものの見方や考え方など，目的や意図によって変わる根拠や論拠の適切さに気付かせる。	2 │ 4
・自分が決めた本校の魅力と課題について，情報を集める。 ・整理した情報を基に構成メモに書く。	・１年半の学校生活を振り返らせ，どのような活動や体験，思いがあるのかを振り返らせる。また，魅力と課題を書く上での視点を確認する。 設備，校歌の歌い方，授業への向き合い方，行事の企画や運営，取組の姿勢，生徒会活動，部活動など。 ・５Ｗ１Ｈを用いて構成を組み立てる。また，具体例を用いて書くように意識させる。	5
・パソコンの Word アプリを活用し，根拠や論拠を適切にしながら，自分の考えを１枚にまとめる。 ・完成した Word ファイルを持ち寄り，お互いの文章を読み合い，「根拠や論拠を適切にする」ことができているか議論する。 ・お互いの文章を読み合い，自分や他者が感じた魅力について，共通点や相違点を発表しあう。 ・単元の振り返りレポートを各自でまとめる。 　①他者に何かを伝える際，根拠や論拠を適切にする上で大切なことはなんですか。 　②発表を通して再認識した本校の魅力とはなんですか。根拠や論拠を明確にしたことによって，どんな認識の変化があったか説明しましょう。 　③①と②から得た知識を，今後どのようなことに活用していきたいですか。	・第１学年での「図を使ってまとめる」を基に，効果的に図や表を入れてもよいことを伝える。 ・自分や他者の考えを記録させる。 ・聞く側は自分の考えとの共通点や相違点があるかどうかを整理しながら聞く。また，質問をしてもよいことを伝える。 ・来年度，完成させた Word 文書を，それぞれが選んだ○○の企画，運営等の責任者に読んでもらうことを伝える。	6 │ 9

国語科 実践例 ||||| 41

●第2部／「ヒロシマの声を聴こう」・3年生

国語科実践例②

1 単元で育成したい国語科の資質・能力〔目指す生徒の学ぶ姿〕

話の展開を予測しながら聞き，聞き取った内容や表現の仕方を評価して，自分の考えを広げたり深めたりする力
〔自分の知識や経験などと関係付けながら語り部さんの話を聞き，聞き取ったことを「言葉ノート」にどのように記録するかを考える活動を通して，平和の意味や原爆についての自分の考えを広げたり深めたりする姿〕

2 単元について

本単元「ヒロシマの声を聴こう」は，広島への修学旅行の一環として予定されていた原爆被災者による語りを主な題材とした。これまでのメモをとったり，質問を考えたりしながら聞く学習を振り返りつつ，本単元では，人の話を主体的に，また創造的に聞く（聴く）とはどういうことかを改めて問い直したいと考えた。そのためには，その場だけでなく，それ以前の準備とそれ以後の指導が重要になると考え，単元構想を工夫した。

生徒たちは既に社会科の学習を通して，戦争や原爆を「知っている」という。しかし，「言葉による見方・考え方」を働かせながら語り部さんの話を聞くとき，そこにどのような意味が加わるのかを探究させたい。

3 単元の学びを支える指導事項（◎特に身に付けたい指導事項，・機能的習熟を目指す既習事項）

◎聞き取った内容や表現の仕方を評価して，自分のものの見方や考え方を深めたり，表現に生かしたりする。（話す・聞くウ）
◎時間の経過による言葉の変化や世代による言葉の違いを理解する。（言語イ（ア））

・相手や目的に応じて，話や文章の形態や展開に違いがあることを理解する。（言語2年イ（オ））
・文脈の中における語句の効果的な使い方など，表現上の工夫に注意して読む。（読むア）
・文章を読んで人間，社会などについて考え，自分の意見をもつ。（読むエ）
・自分の考えとの共通点や相違点を整理しながら聞く。（聞く1年エ）

4 単元構想で意識した「つなぐ・ひらく」

（1）行事や他教科での学びとつなぐ

学年行事としての修学旅行，社会科の歴史分野での学習，道徳教育等との関連を図ることで，生徒は学びの必然性を見いだしやすい。最終的には，言葉を視点に社会的な課題について考えることのできる思考にひらきたい。

（2）「批評」の学習とつなぐ

Ⅰ期には，教科書教材『「批評」の言葉をためる』（竹田青嗣）の読解や批評文を書く活動を通して，批評について学習してきた。「批評する」ことは自分の感受性を高める側面があると竹田は述べ，そのための言葉の力を育てるためには，「人の言葉や言い方をよく聴き取ろうとする気持ちをもつこと」が大切だと述べている。本単元ではそれを体験的に学ばせたい。

（3）「言葉ノート」の取組とつなぐ

これまで継続的に取り組んできた「言葉ノート」（『附属横浜中』（2017））であるが，3年目の今年度は，今の自分を記録・記憶するためのものと意識付けている。中学校最終学年に当たり，この1年で何に心を動かし，そこでどんな言葉と出会い，それをどんな気持

42 ||||| 新しい時代に必要となる資質・能力の育成 Ⅲ

ちで受け止めてきたかを記録・記憶することを通して自己認識につなげる指導を目指している。本単元は，広島に持って行った「言葉ノート」の記録をもとに授業を進めた。

（4）「読むこと」の学習と関連付け，「よむこと」へひらく

Ⅰ期には，論理では説明できない思いや，言葉にしにくい気持ちに向き合う「詩」の読解の授業を行った。本単元でも事前に，広島に関わる新聞記事と併せて，多くの原爆の詩を読むことで，言葉による原爆の様々な捉え方を学習した。それが広島で聞く語り部さんの言葉を，各自が「よむ」視点となることをねらった。

5　授業の実際

87歳の語り部さんの講話は1時間半に及んだ。事前の学習で，話の内容だけでなく，表情や声色，息遣い，話の間なども含めて「ことば」なのだと学んでいたこともあってか，生徒たちはその間身動きせず，語り部さんを注視して話を聞いていた。講話終了後に，その場で各自の気持ちや考えを整理し，言葉ノートに記録するための時間をとった。

旅行後の交流会（6・7時）では，言葉ノートの記録をもとに，一人一人がその時に考えていたことをとつとつと友達と語り合った（図1）。同じ話を聞いても，生徒が捉えた言葉はそれぞれであり，また同じ言葉を取り上げても，そこに一人一人が聴いた「ヒロシマの声」は全く異なった。ハンカチを握りしめた語り部さんの手の動きに意味付けしながら話す者，旅行前に読んだ原爆の詩の言葉を関連付けて話す者，自分の親族の死の体験と合わせて語る者，歴史を学ぶ意味と関連付けて話す者など多様であった。

実践後に感じているのは，単元で目指す生徒の学ぶ姿を，具体的な学習活動で実現していくことの難しさである。目指す姿を冒頭のように掲げたものの，ともすると，「ヒロシマの声」を結論付けようとしたり，どうやって聞くかという「聞き方」の指導に進みそうになったりと，本当に身に付けさせたい「聞く力」とは何かを単元中何度も自問した。

本単元を通して，国語教育では，コミュニケーションツールとしての言葉だけでなく，生徒一人一人の内に育まれることばにも目を向けていく必要があると強く感じた。生徒の中には，小学校でも「目と心で聴く」とは習ったものの，今回初めてその意味が分かったという者もいた。内に育まれたことばのすべてを教員が聞き評価することは不可能であると承知の上で，それでもそういうものが生み出される体験を多感な中学時代にさせることには価値があると考える。語り部さんの言葉に涙し，翌日，原爆ドームや慰霊碑の前で長時間たたずむ生徒たちを見て，多様な言葉があふれている時代だからこそ，一つの言葉と丁寧に向き合い，自分なりの意味を立ち上げる力が必要となると考えた。以下は生徒の振り返り（8時）の記述の一部である。

「言葉の表面だけでなく根底まで捉えるために，自分の中で考えることが大切だと思いました。考えるというのは言葉の背景であったり，自分の経験則を使ってみたりと，言葉と何かをセットで考えることです。自分なりの解釈を成立させること，また，させようとすることが『聴く』だと思いました。」

（髙橋　あずみ）

図1　交流会での様子

[資料]　資質・能力育成のプロセス（8時間扱い）

次	時	評価規準 ※（　）内はAの状況を実現していると 判断する際のキーワードや具体的な姿の例	【　】内は評価方法 及び Cの生徒への手だて
1	1 ｜ 4	関　話の内容や表現の仕方を評価しながら主体的に聞き取ることに意欲を持つ。（○）	【発言の確認】 C：Ⅰ期に取り組んだ「批評」の学習活動と，本単元の学習課題（批評しながら話を聞く）とのつながりを説明する。この課題が，現在の広島・長崎の課題と深くかかわることに注意させる。
		言　時間の経過による言葉の変化や世代による言葉の違いを理解している。（○）	【発言の確認】 C：新聞記事や詩に書かれた内容だけでなく，表現の仕方，言葉の使い方に注目させる。記事や詩を比較して読ませることで，表現の違いに気付きやすくする。
2	5	聞　話の内容や表現の仕方を評価しながら聞くことができる。（○）	【「言葉ノート」の記述の確認】 C：最も心に残った証言者の言葉や，証言者の表情を想起させ，それを理由と共に記録させる。「メモ」をとりながら聞くこととの違いを考えさせる。
3	6 ｜ 7	聞　聞き取った内容や表現の仕方を評価して，自分のものの見方や考え方を深めたり，表現に生かしたりしている。（◎） （A：断片的な言葉による記録ではなく，話の意図を自分なりに解釈した記録がなされている。話の内容だけでなく，話し方や表現の仕方から聞き取ったことが反映されている。）	【「言葉ノート」の記述の分析】 C：記録された表現と，そのように記録した理由とがかみ合っているかを確認させる。話の内容についてのみならず，話し方や言葉遣いからは何が伝わってきたかを考えさせる。
	8	関　聞き取ったことをもとに自分のものの見方や考え方を深めようとしている。（◎） （A：言葉による「見方・考え方」を働かせている。言葉との自分なりの格闘が読み取れる。） 聞　自分のものの見方や考え方を深めたり，表現に生かしたりする話の聞き方について自覚的である。（◎） （A：これまでの聞き方への客観的な振り返り，よりよく聞き取るための具体策）	【振り返りレポートの記述の分析】 C：歴史的事実を知るだけではわからなかったことについて考えさせる。 C：「聞く」と「聴く」の違いを考えさせる。「聴く」ためにはどんな工夫や努力が必要になるかを考えさせる。

○は主に「指導に生かすための評価」，◎は主に「記録するための評価」

主たる学習活動	指導上の留意点	時
【修学旅行前の授業】 ・本単元の課題を提示する。 　語り部さんの話から聴いた「ヒロシマの声」を「言葉ノート」に記録しよう。 ・2017年8月7日の新聞記事（広島市長平和宣言・首相あいさつ），8月10日（長崎市長平和宣言・首相あいさつ）を読み比べ，気付いたことを話し合う。 ・「被爆者の声」（広島市長），「被爆者が，心と体の痛みに耐えながら語る」（長崎市長）を踏まえて，広島へ行き，語り部さんの話を「聴く」時の心構えについて話し合う。	・修学旅行に「言葉ノート」を持って行くことを伝える。 ・市長の言葉と首相あいさつの視点の違いに気付かせる。社会の課題とのつながりに気付かせる。 ・必要に応じて，8月6日の新聞記事「被爆72年今こそ向き合う」，8月7日「体験語る私の決意」「つなぐヒロシマの声」も参照し，そこから読み取れる情報を関連付ける。 ・過去の「聞くこと」の学習を振り返った後，「聞く」と「聴く」の違いを考えさせる。	1 ｜ 2
・以前読んだ『批評の言葉をためる』（竹田青嗣）を再読し，話を「批評」するとはどういうことか考える。 ・原爆の詩を読み，「原爆」を捉える作者の視点の違いや表現の特徴を話し合う。《教科書教材『挨拶』（石垣りん），『原爆詩集』（峠三吉）より，『原爆小景』（原民喜）より》 ・詩の中の特に印象に残った表現とその理由を「言葉ノート」にまとめる。	・Ⅰ期に学習した「批評」と，言葉と言い方に着目して「よく聴き取ろうとすること」との関係を確認する。 ・「原爆」をめぐる表現の多様性に触れることで批評の視点を増やす。 ・社会科の調べ学習から得た知識だけではわからなかったが，原爆を語る「言葉」から気付くことを明らかにする。	3 ｜ 4
・戦争証言アーカイブスで，原爆証言者の話を視聴し，そこから聴き取ったことを，ふさわしい表現で「言葉ノート」に記録する。 ・各自の記録を交流する。互いの記録の仕方に着目し，そのような記録がふさわしいと考えた理由を交流する。	・内容だけでなく，息遣いや表情を含めた話し方にも注目させる。 ・詩の学習や新聞記事から学んだこととのつながりを感じた部分に着目させる。 ・言葉による記録だけでなく，図や記号を使った記録でもよいものとする。	5
【修学旅行後の授業】 ・「言葉ノート」交流会を行う。語り部さんの言葉をどのように解釈し，そこからどんなヒロシマの声を聴いたかを交流する。 ・「言葉ノート」交流会を終えて，「ヒロシマの声」とは何だったかをグループで話し合う。	・単なる「言葉の紹介」と，「言葉を解釈・批評する」ことの違いを確認する。 ・1人3分程度で，5人グループで行う。 ・一人一人が語り部さんの言葉の何を評価しているかを考えながら発表を聞くように促す。 ・必要に応じて語り部さんの話の録音を聞く。	6 ｜ 7
・単元の振り返りレポートを各自でまとめる。 ①あなたが聞いた「ヒロシマの声」とはどのようなものでしたか。そのように感じるきっかけとなった言葉と共に説明しましょう。 ②人の話を「聞く」（「聴く」）時にはどのようなことが大切になると考えますか。この単元で気付いたことをまとめましょう。	・これまでの授業の記録や，「言葉ノート」を参照しながらまとめる。	8

国語科 実践例 ||||| 45

|第2部|各教科の実践|

実践例①～②

1 社会科で育成する資質・能力と実現したい生徒の学ぶ姿

『新解説』では，社会科で育成する資質・能力を以下の三つにまとめている。
（1）我が国の国土と歴史，現代の政治，経済，国際関係等に関して理解するとともに，調査や諸資料から様々な情報を効果的に調べまとめる技能を身に付けるようにする。
（2）社会的事象の意味や意義，特色や相互の関連を多面的・多角的に考察したり，社会に見られる課題の解決に向けて選択・判断したりする力，思考・判断したことを説明したり，それらを基に議論したりする力を養う。
（3）社会的事象について，よりよい社会の実現を視野に課題を主体的に解決をしようとする態度を養うとともに，多面的・多角的な考察や深い理解を通して涵養される我が国の国土や歴史に対する愛情，国民主権を担う公民として，自国を愛し，その平和と繁栄を図ることや他国や他国の文化を尊重することの大切さについての自覚を深める。

　（1）（2）については，これまでの本校の研究（『附属横浜中』2016，2017）でも取り組んできたため，今年度の研究で特に社会科として重視したのが（3）である。「よりよい社会の実現を視野に課題を主体的に解決しようとする態度」を養うためには，教師が単元で生徒に獲得させたい社会的な認識をもちながら，授業の中で「心理的没頭」を生み出すための仕掛けが必要になる。そのような授業の中で，生徒一人一人がよりよい社会の実現に向けた自覚を深めることができる授業を心がけている。
　以上のような社会における資質・能力及び見方・考え方を育んでいくために，本校社会科では，次のような生徒の姿を目指し，授業を実践した。
- ・個における考え方の対立や拮抗状態の中で，当たり前と思っていることを問い直したり捉え直したりしている姿。
- ・時間をかけて深く考える中で，問題意識を持つことだけに留まるのではなく，課題解決を見いだそうとしている姿。
- ・各教科の学びが密接に結びついて，互いに影響し合い考えを深めようとしている姿。

2 社会科の「カリキュラム・デザイン」における工夫点

（1）学びの充実度・思考の変容を意識するための取組

　本校では単元における「学びの履歴」を実感させるために，その単元での見方・考え方を働かせるための「深化シート」に取り組んでいる。深化シートの中で単元を貫く課題を設定し，単元の導入における自分の考えがどのように深まっていくのか自覚できるようにしている。また，深化シートは授業後に回収し，それにコメントすることで生徒の学びに寄り添うようにしている。毎回「社会的な見方・考え方」を視点として学びを整理していくことで，単元内のつながりや変容だけでなく，今までの学びとのつながりや他教科の学

びと関連させることで，学びを有機的に結びつけるツールとなる。

この深化シートの取組を丁寧に積み重ねること，とりわけ深く思考する経験を繰り返すことにより，社会科の本質をより豊かに捉えることにつながり，さらには教師のカリキュラム評価にもつながってくると考える。

（2）事実の把握から自らの主張への道筋を意識するための取組

本校社会科では，言語活動や単元のまとめを記述させる中で「根拠」と「論拠」の道筋を大切にしている。社会科の授業においては，資料（史料）やデータを「根拠」にした事実の把握・理解を大切にしており，事実を把握した上で，課題に対する主張をすることにしている。その事実の把握と主張を結びつける道筋が「論拠」となる。授業において言語活動を行っていると，その論拠の中心が生徒の経験則だけになってしまうこともしばしばある。経験則による論拠だけではなく，根拠となる資料を基に意見を主張できるような指導を心掛けている。社会科における根拠や論拠の用い方は，国語科の授業においても指導され，それを受けて言語活動でも実践を重ねていくことで教科横断的なカリキュラムの実現につながる。

（3）社会科で「よりよい社会の実現」の基礎を培うこと

社会科は，よりよい社会の実現のために必要な主体的な態度を育成する中心的な役割を果たしていく必要がある。本校では，各教科において日常的に言語活動が行われ，社会的な問題を題材としたパフォーマンス課題も多く取り入れられている。その活動をより充実したものにするために，社会科が「よりよい社会の実現」を視点とした学習のハブ的な役割を果たしていきたいと考える。

3　実践の成果と今後への課題

昨年度の実践から，生徒の「学びの自覚」につなげるためには，学習活動において生き生きとした「生徒の学ぶ姿」を想像する中で，単元構成や問いの精選，学習形態を工夫することの重要性が明らかになっている（『附属横浜中』2017）。そして，今年度の実践から，「つなぐ・ひらくカリキュラム・デザイン」を実現するためには，社会科としての『単元を貫く本質的な課題』の設定が何よりも重要であることを確認した。また，教師が生徒に何を身に付けさせたいのかなど，教師自身が真剣に単元や教材と向き合い，試行錯誤してカリキュラムをデザインすることが生徒の質の高い資質・能力の育成につながる。『新学習指導要領』が目指す主体的・対話的で深い学びとは，単元に対する教師の明確な教科観や指導観に基づいた学びの過程を通して一体として実現されるものであり，1時間の授業の中で全てが実現されるものでもない。生徒と教師双方が社会的な見方や考え方を働かせて，課題を追究したり解決したりする学習活動を積み重ねることで，そこで得られる深い理解が深い学びへとつながっていくことが，実践の成果として挙げられる。

課題は，社会科の「見方・考え方」を自覚させる難しさである。「正解のない」納得解や最適解を見いだす課題解決学習など，資質・能力ベースの授業を追究すればするほど，「教科」の枠組は見えにくくなる。地理的分野の位置や空間的な広がり，歴史的分野の推移や差異，公民的分野の概念など社会科特有の「見方・考え方」を，生徒にどのように自覚させ，身に付けさせることができるのかということを今後も追究していきたい。

●第2部／「日本の諸地域（関東地方）」・2年生

社会科実践例①

1 単元で育成したい社会科の資質・能力〔目指す生徒の学ぶ姿〕

空間的相互依存作用や地域などに関わる視点に着目して，地域の特色ある地理的な事象を他の事象と関連付けて多面的・多角的に考察し，表現する力

〔既習内容の知識やイメージから地域的特色に結び付く課題を見いだし，他地域の特色と比較・関連させながら，関東地方の地域的特色について，自分の考えを多面的・多角的に表現しようとする姿〕

2 単元について

本単元「関東地方」は，日本の諸地域の中で人口や都市・村落を中核とした考察について学習する内容である。本校の2年生は，10月に長野県上田市武石地区へ農村体験学習に行き，実際に農家の方へインタビューをしたり，農家の仕事を直接体験したりする。その中で，過疎地域の実態を目の当たりにしている。その校外行事での経験を関東地方の学習と関連させ必然性のある学びを設定した。本単元は，1年次に学習した地誌学習の「地方的特殊性」と「一般的共通性」について，それを必然性のある学びの中でより追究することを通して，地理的事象への見方・考え方に触れさせることができると考えた。

さらに，日本の諸地域の学習に，大単元を貫くテーマとして，「私たちは人口減少社会とどのように向き合っていけばよいか」を設定することで，地理的事象に対する見方・考え方を深めるとともに，3年次に行う公民的分野にも関連させることをねらった。

3 単元の学びを支える指導事項

（◎特に身に付けたい指導事項，・機能的習熟を目指す既習事項）

◎関東地方の基礎的・基本的な事項の特徴を諸資料から読取，資料を根拠に理解する。

◎学習課題に対して調査で収集した資料を比較・検討・整理する。

◎調査の分析を共有し，関東地方の課題を把握して，自分のものの見方や考え方を深めたり，表現したりする。

・自分の考えを他者に批評してもらい，改めて自分の考えとの共通点や相違点を整理しながらまとめる。

4 単元構想で意識した「つなぐ・ひらく」

（1）行事や他教科での学びとつなぐ

学年行事としての農村体験学習，校外学習の企業訪問等との関連を図ることで，生徒は学びの必然性を見いだしやすい。その行事と授業をつなげるための挑戦的な評価課題を設定することで，最終的には，社会的な課題について考えることのできる思考にひらきたい。

（2）深化シートで生徒の思考をつなぐ

昨年度から継続的に取り組んできた「深化シート」（『附属横浜中』2017）を用いて，単元の導入から見通しをもてる工夫をしてきた。今年度は，単に各授業の課題についてまとめるのではなく，自らの予想に対し，何を根拠に調べたらよいのかの見通しを立てさせた。さらに，そのために調べた資料から読み取れたことを具体的に書いたり，図式化したりすることで，「学びの自覚」につなげる指導を目指している（図1）。本単元でも，社会科の授業の深化シートと農村体験学習で使用した深化シートをリンクさせながら授業を進めた。

48　||||| 新しい時代に必要となる資質・能力の育成　III

5 授業の実際

 日本の諸地域を学習する際,「人口減少社会とどのように向き合うのか」という単元を貫くテーマを設定した。10月の農村体験学習では,2日間という短い時間ではあったが,生徒は農家の方の話を熱心に聞いていた。農業体験を通じて,武石地区という過疎地域の現状,その現状を改善するためにはどうしたらよいのかなど,宿舎に戻ってから黙々と深化シートに書き込む姿を多く目にした。

 関東地方の学習では,関東地方の課題を調査した後,「なぜ人口が集中している東京大都市圏で少子化が進んでいるのだろうか」という学習課題を生徒たちの力で設定できたことは,単元の見通しを明確にすることにつながったと言える。生徒からは「女性が働くようになったから」や「子育てが大変だから」という経験則を基にした予想が多く見られた。しかし,調査を進める中で,男性も含めた未婚率,男性の育児への関わり,介護の問題など,当初生徒が追究してきた「少子化」「女性」とは逆のキーワードが出てきたことをきっかけに,課題解決に没頭している姿を多く目にした。その後,「1月の企業訪問での質問事項を提案しよう」という課題を設定したことは,生徒の学びへの意欲,「よりよい社会の実現」への主体的な態度を引き出すのに有効であった。

 本単元では,既習内容の知識やイメージから関東地方の地域的特色に結び付く課題を見いだす姿を意識して単元を構想した。しかし,学習内容には,3年次の公民的分野の要素も多く含まれた。3年次で学習する内容について2年次の段階では「どのように感じ・考えることができるのか」を確認しながら実践を進めた。この実践の成果は,1月の企業訪問でのまとめにおいて,これまでの学習をつなぐことができ,さらに3年次の学習において,生徒が「よりよい社会の実現」への有用感を感じることができるかだと考える。このように単元を貫くテーマを繰り返し,様々な文脈で問い続けるスパイラルが続くことこそが,生徒にとって主体的で深い学びへの第一歩となると考える。

(田川 雄三)

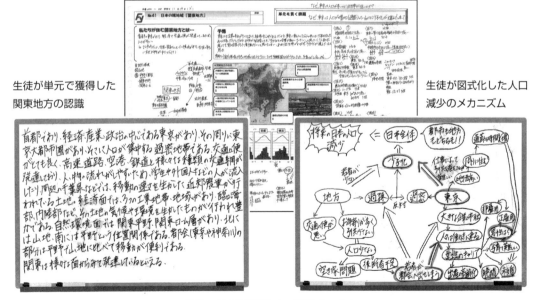

図1 単元で使用した「深化シート」

［資料］　資質・能力育成のプロセス（8時間扱い）

次	時		評価規準 ※（　）内はAの状況を実現していると 判断する際のキーワードや具体的な姿の例	【　】内は評価方法 及び Cの生徒への手だて
1	1	知	関東地方の自然環境など，特色ある事象に着目し，その地域的特色を理解している。（○）	【ワークシートの記述の確認】 C：関東地方について，小学校での既習事項や発表を聞いてワークシートを使って一緒に確認し，基礎的な事項について理解を図る。
		技	諸資料から，関東地方の地理的事象について多面的・多角的に読み解くことができる。（○）	【小グループ内での共有・話し合い，発言の確認】 C：自分の考えを積極的に仲間へ伝えたり，意見を出したりするよう促す。
	2 | 3	技	様々な資料を収集し，適切に選択した情報を基に，読み取った内容をまとめている。（○）	【ワークシートの記述の確認】 C：ワークシートで一緒に確認し，資料が読み取れているか支援する。
		関	自分なりの見方・感じ方で，作品の特徴や共通点を見つけようとしている。（○）	【発言の確認】 C：作品を見てわかることを確認させながら，他者の気づきをメモさせるよう促す。
		思	小グループでの意見交換や全体で共有できた内容について，根拠をもって自分の考えをまとめることができる。（○）	【小グループの発表での発言の確認】 C：他のグループが発表した内容について，要点をまとめて自分のワークシートに記述するよう促す。
2	4 | 5	技	東京都の諸資料から，人口問題について多面的・多角的に読み解くことができる。（○）	【ワークシートの記述の確認】 C：ワークシートで一緒に確認し，資料が読み取れているか支援する。
		思	東京都の人口問題と，過疎地域における人口問題を比較し，その関連について，根拠をもってまとめることができる。（○）	【ワークシートの記述の確認】 C：関連させることができない生徒には，それぞれを図式化させるよう支援する。
		技	東京都の諸資料から，現代社会の課題について多面的・多角的に読み解くことができる。（○）	【ワークシートの記述の確認】 C：ワークシートで一緒に確認し，資料が読み取れているか支援する。
	6 | 7	思	東京大都市圏の人口についての考察から，関東地方の特色についてまとめている。（◎） （A：関東地方の特色について既習事項を踏まえて多面的・多角的に考察している。）	【ワークシート（深化シート）の記述の分析】 C：単元の学習活動全体を振り返り，何が理解できて何が分からなかったのか，具体的にして記述するように促す。
		関	関東地方の特色を理解し，企業に対する質問事項を考えようとしている。（◎） （A：既習事項を活用して多面的・多角的に考えようとしている。）	【ワークシートの記述の分析】 C：既習事項を振り返りながら，自分が企業に質問してみたいことを中心に考えるよう促す。

【生徒に獲得させたい認識】関東地方は，東京大都市圏を形成し，臨海部には京浜工業地帯を有する日本有数の人口密集地域である。なかでも，東京は政治・経済・文化・情報の中心地であり，多くの官公庁や企業の本社が集まることから，人口が集中し過密問題が発生している。一方で，過密問題の中でも少子化が続いており，日本の人口減少の一因となっている。労働と子育ての問題を解決することがこれからの課題である。

○は主に「指導に生かすための評価」，◎は主に「記録するための評価」

主たる学習活動	指導上の留意点	時
・関東地方のイメージを記述し，共有する。 ・関東地方に関する資料から読み取れたことについて，それぞれ発表し，その内容を全体で共有する。 ・資料から読み取れたことを中心に，関東地方とはどのような地域なのか，深化シートに各自記入する。	・小学校での既習事項を引き出すように発問する。 ・既習事項，資料の読み取れたことを使い，関東地方の説明を行わせる。 ・単元を通して，考えの変容・深まりを記録できるワークシート（深化シート）を配布する。	1
【単元を貫く課題】　関東地方とはどのような魅力と課題のある地域なのだろうか。		
・立川市の東京における郊外都市としての役割について調査し，全体で共有する。 ・立川市の役割について班ごとに発表する。 ・課題に対して，グループでまとめを全体で共有する。 ・ファーレ立川の作品を鑑賞する。 【課題】 なぜ，立川市には数多くの芸術作品が設置されているのだろうか。 ・立川市の歴史的背景や人口の推移についての資料を読み取る。	・ファーレ立川の作品を鑑賞することで，作品のコンセプトを考えさせる。 ・立川市の取組について，小グループで話し合いながら答えを導き出してまとめるよう指示する。 ・立川市の取組に注目させながらも，東京大都市圏における郊外の役割や課題などについても考えさせる。	2 ｜ 3
・関東地方の特徴について復習し，中部地方の武石地区と比較する。 ・東京大都市圏を中心とする関東地方の特徴と人々の営みを関連付ける「問い」を立て，共有し，学びの見通しを立てる。	・農村体験学習で作成した武石地区の人口ピラミッドを振り返りながら，共通点と相違点を見い出す中で，東京大都市圏の人口問題を多面的・多角的に考察するよう促す。	4 ｜ 5
【学びを深める課題】　なぜ多くの若者が集まる東京大都市圏で少子化が進むのだろうか。		
・共有した予想の根拠となる資料を調査する。 ・人口減少社会についての構造を考え，共有する。 ・少子化が進む原因について，男性の育児や介護などに関する資料を調査する。	・単元を深める課題については，教師からの一方的な提示にならないようにするために，生徒の発言をつなぎながら課題を設定する。 ・少子化が進む原因について，多面的に捉えることができるよう促す。	
【パフォーマンス課題】 　あなたは，企業訪問実行委員です。1月26日に訪問する企業に「働くこと」について質問事項を考えることになりました。関東地方，特に東京大都市圏も「人口減少社会」の一因であることをこれまでの学習してきた社会的事象を根拠に証明し，訪問する企業にどのような質問をしたらよいのか提案しなさい。		6 ｜ 7
・個人で予想したことをグループで話し合い，グループの考えをホワイトボードに図式化する。 ・グループでまとめた考えについて，社会的事象を根拠にした話し合いや発表，討論をする。 ・今までの学習活動を振り返り，単元を貫く課題について再構築された自分の考えを深化シートに論述する。 ・企業に「働くこと」をテーマに質問事項を考える。	・話し合い活動を充実させるために，個人の考えを明確にさせておく。 ・ホワイトボードを使い，思考を可視化させる。 ・これまでの学習事項や新たに獲得した認識を使用させる。 ・深化シート全体を俯瞰し，学習の学びの深まりや思考の変容について注目させる。	

社会科 実践例 |||| 51

●第2部／「個人の尊重と法の支配」・3年生

社会科実践例②

1 単元で育成したい社会科の資質・能力
〔目指す生徒の学ぶ姿〕

　法や裁判に関する課題を追究する中で，現代社会の見方・考え方を働かせて，社会的事象に対する認識を深める力
〔経験則や論拠，公正などの見方・考え方を働かせ，対話や試行錯誤を繰り返す中で，深い認識に基づいた説得力のある主張を構築することによって，これからの社会の主権者として学んだことをよりよく生かそうとする姿〕

2 単元について

　本単元は，国民の権利を守り，社会の秩序を維持するために，法に基づく公正な裁判の保障について理解させることをねらいとしている。「つなぐ・ひらく」という視点では，法律の専門家である弁護士の方を招いて，法的な見方や考え方をご指導いただくことによって，生徒のより現実的で深い学びを保障しようと考えた。また，模擬裁判を実施し，実際の裁判において判決の前に行われる論告（検察官が行う意見陳述）や弁論（弁護人が行う意見陳述）を作成する活動などを通して，法的な見方や考え方を深く認識させるとともに，生徒が，学んだことを実生活に生かす汎用性を身に付けられることをねらいとした。そのねらいを実現させるために，学んだ概念が，よりよい社会を構築するために有用であることに気付かせる様々な工夫をした。

3 単元の学びを支える指導事項
（◎特に身に付けたい指導事項，・機能的習熟を目指す既習事項）

◎社会的事象を評価する際，事実を公正に評価して，論拠をていねいに示すことで，説得力のある考えを構築する。

◎民主主義の根幹をなす公正な考え方を基に，対話的に議論を深める。

・法は共生のための相互尊重のルールとして，国民の生活をより豊かにするために存在するものであることを理解する。

・法やルールに基づいてどのように紛争を解決していくのかについて主体的に学習する。

4 単元構想で意識した「つなぐ・ひらく」

（1）専門家から知識・技能や概念を学び，実社会の生きた見方・考え方と教科の内容をつなぐ。

　『新学習指導要領』では，「社会に開かれた教育課程」がキーワードとなり，主権者として，社会参画意識を育てる社会科の学習指導が今後一層重視される中で，実社会とつなぐ学習ができるのは社会科特有の役割だと考えた。

（2）他教科・他領域（総合的な学習の時間など）で学んだ学習スキル（ICTの活用）と関連付ける。

　国語科の「相手意識」を重要視した説明や司会を立てた話し合い活動，「総合的な学習の時間」の個人研究で身に付けたICT活用技術など，教科等横断的な視点を大切にすることを生徒に指導した。具体的には，論告・弁論の作成へ向けた話し合い活動では，グループの班長が司会者として，対立と合意，効率と公正という概念を活用するように促した。

（3）学んだ概念を手立てとしながら考える思考にひらく。

　本単元では民主主義や法の支配など，既習の概念を手立てとして，学習課題に取り組ん

52　||||| 新しい時代に必要となる資質・能力の育成　Ⅲ

だ。さらに論告・弁論を作成するために，特に「トゥールミンモデル」による論拠の示し方について，丁寧に学習した。スティーブン＝トゥールミンは「議論のレイアウト」（The Layout of Arguments）で，法的議論において合理的なプロセス（the rational process）という概念の重要性を述べている。事実を基に主張するための「論拠」を丁寧に構築していくことを，実際の活動を通して学ばせたい。

（4）3年間学んできた，複数の立場や意見を踏まえて選択・判断する力や，多面的・多角的に考察する力と関連付ける。

　地理的分野では位置や空間的な広がり，歴史的分野では推移や差異，公民的分野では概念などを基に，社会科の中で分野によって重視する見方・考え方がある。特に公民的分野では，1・2年次で学んだ視点を生かすべく，積極的に既習の見方・考え方を働かせて学習課題に取り組むように指導した。そうすることで，教科特有の見方・考え方を汎用的に活用できる思考にひらきたいと考えた。

5　授業の実際

　今回は，現役の弁護士である計4名の方々に直接ご指導いただいた。模擬裁判を実施する前に，実際の弁護事例から事実の捉え方や経験則に基づく視点などを学んだ。また，模擬裁判では検察官や弁護人になりきって実際の法廷のようにロールプレイをすることができた。1・2年次での横浜地方裁判所の法廷見学の経験が生きたと思われる。模擬裁判終了後，いよいよ論告・弁論の作成に入った。5分間の発表時間の中で，本質を捉えて説得力を持った論拠を構築するように繰り返し伝えた。各班の話し合いの様子では，犯行現場を自分たちで演じて試行錯誤を繰り返したり，批判的な意見を尊重して，真剣に議論したりする姿が見られた。一昨年度の「知識・技能の構築」や，昨年度の「学びの自覚」で

の研究成果を生かすことができた場面だったと考えている。どの班も，学んだ概念を活用して，自分たちなりに事実を評価して工夫した発表ができた。

　実践後に感じているのは，社会科ならではの「見方・考え方」を自覚させる難しさである。「正解のない」納得解や最適解を見いだす際，例えばディベートのように，勝つためにどのように文書を推敲すべきかなど，自分たちのために「公正」を追究することになりかねない。また，過度に一般化された思考や行動に焦点化されてしまい，結局，国語でも社会でも身に付ける学力は同じではないかという疑問を抱いた。つまり，資質・能力ベースの授業を追究すればするほど，「教科」の枠組は見えにくくなると感じた。社会科ならではの「社会的事象の見方・考え方」を，生徒にどのように自覚させるかということを今後も追究していきたい。次の内容は，生徒が最後のまとめとして記述したものである。

　「弁護士の先生から，『事実は見方によって違う』ということを教わった。一見，意見が対立しているように感じても，よく考えると，一つの物事に対する見方や評価の仕方が違うだけだという場合もある。『自分が絶対に正しいから相手は間違っている』という考え方ではなく，『自分も相手もどちらも正しいかもしれない』と考えると，解決への道筋が立つことを理解した。」

　最後に，ご指導いただいた4名の弁護士の方々に感謝申し上げたい。

（土谷　満）

[資料]　資質・能力育成のプロセス（10 時間扱い）

次	時	評価規準 ※（　）内はAの状況を実現していると 判断する際のキーワードや具体的な姿の例		【　】内は評価方法 及び Cの生徒への手だて
1	1	思	実際の裁判事例から，資料等を基に，自分の考えを多面的・多角的に考察し，思考を深めることができる。（○）	【発言・ワークシートへの記述の確認】 C：自分が根拠とした内容に基づいて判断し，記述するように机間指導する。 C：教科書・資料集などの資料を参考にして，講師の話がどの内容と関連しているのか確認させる。
		知	裁判における基本的な概念を理解し，法を正しく認識することができる。（○）	
	2	知	司法権や裁判の種類などについて，日本国憲法の内容を中心にその特徴やしくみを理解することができる。（○）	【発言の確認】 C：教科書・資料集での重要語句にアンダーラインを引かせるなど，内容を確実に理解させる。
2	3	技	模擬裁判の争点である，殺意の有無について，根拠を基に自分の考えをまとめることができる。（◎） （A：既習内容を基に多面的・多角的な考察し，的確に論拠をまとめることができる。）	【ワークシートへの記述の分析】 C：殺意の有無を判断する際に，既習事項を確認することや，根拠となる重要な内容の優先順位を整理するように促す。
	4	思	ワークシート１の内容について，根拠を基に自分の考えを説明できる。学習班の中で出た意見をまとめることができる。（○）	【発言・ワークシートへの記述の確認】 C：自分と仲間の意見を比較し，相違点に着目させる。何が違うのか，その要点を書き留めさせる。
	5	思	弁護士の方の話から，論告・弁論を作成するにあたり，必要な概念を学び，思考を深めることができる。（○）	【発言・ワークシートへの記述の確認】 C：論告・弁論は，どのようなことをまとめるべきなのか，いくつかの視点を示して考えさせる。
	6 ｜ 8	思 技	論告・弁論を作成するために，必要な知識・技能を基に，既習した見方や考え方を働かせて，建設的な話し合いを進め，論理性の高い論告・弁論をグループで構築することができる。（○）	【グループでの発言や役割などの活動場面の確認】 C：他者の意見を傾聴し，話し合いの内容の整合性がとれているかを確認させる。自分がどの役割を担うべきなのかなど，自覚的に関わるように促す。
	9	思 技	グループでまとめた論告・弁論の内容を相手意識をもって説明することができる。他のグループの発表を傾聴して，論拠に説得力があるかどうか，評価することができる。（○）	【ワークシートへの記述の確認】 C：他のグループがまとめた内容について，説得力のある内容をまとめたグループに着目させ，自分たちのグループとの違いを考えさせる。
	10	思	「法的な見方・考え方」について考察し，表現することができる。（◎） （A：既習内容を基に「法的な見方・考え方」ついて，多面的・多角的な考察ができる。）	【ワークシートへの記述の分析】 C：既習した内容や自分自身の学習活動を振り返り，今までの要点を確認するよう促す。本単元で学習した概念を，自分の生活や学習活動で生かせる場面を想像させ，まとめさせる。
		関	実生活や実社会で生かせる見方・考え方を深めようとしている。（◎） （A：学習した概念を働かせて，学んだことを的確に活用しようとしている。）	

54　‖‖‖ 新しい時代に必要となる資質・能力の育成　Ⅲ

○は主に「指導に生かすための評価」，◎は主に「記録するための評価」

主たる学習活動	指導上の留意点	時
・弁護士の方から実際の裁判事例を基に，社会生活における紛争分析の基本的手法を学習する。 「あなたは弁護士です。依頼者から次のような法律相談を受けました。内容をよく読んで，設問に答えてください。(以下，略)」	・積極的に発言したり，メモをとったりながら話を聴くように促す。 ・専門家の考えに触れ，既習事項との共通点や相違点を確認させる。	1
・前回の学習について，ワークシートを見て振り返る。 ・司法権の独立，裁判所の種類，刑事・民事裁判などについて，日本国憲法の記述を中心に確認する。	・前時における生徒の疑問や質問を全体で共有し，知識や考え方の広がりをもたせる。 ・基本的な知識事項を確実に把握させる。	2
・模擬裁判を通して，被告人の殺意の有無を判断し，その根拠となる理由をワークシート1に要点を記入する。	・前回までの学習内容を基に，判断をする際に既習事項や重要な概念（経験則や論拠，公正な評価など）を確認させる。 ・模擬裁判の流れについて，IWBでその順序を写し可視化する。	3
・各自がまとめたワークシート1の意見を共有する。 ・小グループで意見を共有する。 ・学んだことや疑問などを振り返りシートに記入する。	・国語科で学習した技能（司会を立てて話し合うことなど）を活用させる。 ・お互いの意見を尊重し，傾聴するように促す。	4
・模擬裁判事例を基に，論告や弁論を作成する際に，必要となる概念や手法を弁護士の方の講義を受け，その内容を学習する。 ・宿題として，ワークシート2を記入してくる。	・積極的に発言したり，メモをとったりしながら話を聴くように促す。 ・専門家の考えに触れ，既習事項との共通点や相違点を確認させる。	5
・次の学習課題を共有し，その作成やまとめに向けた見通しを確認する。 学習課題「論告・弁論を作成して，発表しよう！」 　模擬裁判から，被告人の殺意の有無を争点にして，論告側・弁論側に分かれ，グループの主張を5分間でまとめましょう。 ・7・8人1グループの6班になり，論告側（3班）・弁論側（3班）どちらかを選択する。 ・ワークシート2を基に，各自が考えた意見を出し合い，既習の概念を活用しながら論拠を構築する。 ・試行錯誤を繰り返し，論告・弁論の内容をまとめる。	・論点を整理するため，ICT機器やホワイトボードなどを活用するように促す。 ・発表の対象者は，裁判官（授業では，発表の際に来校する弁護士の方）であるなど，発表のねらいを確認させる。 ・事実を基に主張に至るまでの論拠の部分を，既習した概念（推移や変化，対立と合意，経験則，トゥールミンモデルの考え方）を使って，試行錯誤を繰り返し，質の高い論告・弁論を作成させる。	6 | 8
・論告側，弁論側の順番で発表を行う。 ・グループの発表を聴き，必要であればメモをとる。もっとも説得力の高かった内容（グループ）は，他のグループと比較して何が違うのか考える。 ・発表後，弁護士の方から，各グループの講評をいただいた後，まとめの話を聴く。	・ただ単にメモをとるのではなく，国語科で学習した技能（聞く・聴くの違い）を活用して，各グループの発表を聴く。 ・他のグループの発表と自分たちの発表の相違点を確認する。 ・弁護士の方のまとめを聴く。	9
・本単元の学習を振り返って，次の学習課題に対する自分の考えをワークシートにまとめる。 学習課題 ①「法的な見方や考え方」の学習を通して，あなたが学んだことは何ですか。既習の概念（視点）を踏まえて説明しましょう。 ②実生活や実社会において，どのような場面で今回の学びが生かせると考えますか。例を挙げて具体的に説明しましょう。	・本単元の学習活動をもう一度振り返り，どのようなことが要点であったのかを確認させる。 ・既習事項を踏まえて，多面的・多角的に考察するよう促す。 ・実際の社会生活の中で，有用な見方・考え方を記述させる。	10

社会科 実践例　55

第2部│各教科の実践

実践例①〜③

1 数学科で育成する資質・能力と実現したい生徒の学ぶ姿

『新解説』では，数学的に考える資質・能力を次のように示している。

（1）数量や図形などについての基礎的な概念や原理・法則などを理解するとともに，事象を数学化したり，数学的に解釈したり，数学的に表現・処理したりする技能

（2）数学を活用して事象を論理的に考察する力，性質を見いだし統合的・発展的に考察する力，数学的な表現を用いて事象を簡単・明瞭・的確に表現する力

（3）数学的活動の楽しさや数学のよさを実感し粘り強く考え，数学を生活や学習に生かそうとする態度，問題解決の過程を振り返って評価・改善しようとする態度

　本校では，『新学習指導要領』の改訂の方向性を意識し，2年前から資質・能力の育成を目指して研究を行ってきた。その中で分かったことは，「知っている・できることをどう使うかを考える活動は，方法知の発見につながり「知識・技能」の構築に役立つ」ことと，「構築した「知識・技能」を自覚することは，生活や次の学習に役立つ礎となる」ことである。これらを踏まえ今年度は，「知識・技能」が日常生活や他の学習に**つながり**，また，自分の将来や社会に**ひらかれる**ことを，生徒自身が実感できる単元構想とはどのようなものかを明らかにしたい。そのためには，「他の生徒と学びを共有し，帰納的に法則を見いだす中で仮説をたてる姿」「それを既習事項を根拠として説明し，自らの学びを価値付ける姿」が重要であると考え，その姿の実現を目指し授業実践に取り組んだ。

2 数学科の「カリキュラム・デザイン」における工夫点

（1）振り返りの質を変える

　数学の学習において数学的な見方・考え方を働かせる機会を意図的に設定することが重要であり，数学や他教科の学習を通して，数学的な見方・考え方も更に豊かなものになる（『新解説』）。この実現のために教科でできることは，他教科の資質・能力を意識しつつ，論理的・統合的・発展的に考える機会を増やし，学びの振り返り方を「内容のまとめ」にとどめず「考え方のまとめ」まで広げることであると考える。生徒が自らの思考を振り返って，有効だった方法や考え方をまとめ自覚することは，資質・能力レベルで他教科等とつながり，社会や将来へひらかれると考える。そこで数学科では，つなぐ・ひらくの視点をA「内容によるつながり」，B「考え方によるつながり」で整理した。カリキュラム・デザインにおいては，両方の視点が含まれることが望ましいが，単元によっては，片方だけのこともあり得る。

（2）教科の特性を重視した3年間の見通しと単元構成の充実を図る

　数学科の目標の1つは論理的・統合的・発展的に考察し，簡単・明瞭・的確に表現すること（『新解説』）なので，単元を構想（カリキュラム・デザイン）する際には，根拠に基

づいて論理的に考察させることを大切にしたい。

例えば，2年生「数と式」の授業で「差の回文数式を解明しよう」という課題がある（『附属横浜中』（2017））。これは，「85－49＝94－58」のように，逆から読んでも両辺が等しくなるような数式（以後，回文数式）を探し，回文数式になる場合とならない場合を考察する中で共通点や相違点を見いだし，回文数式になる条件を発見し，証明する活動である。条件を発見する方法や条件を整理し仮説としてまとめる考え方，仮説を証明する方法などを共有することで，論理的に考えることの大切さを実感できるようにする。そのためには，両辺が等しくなることの証明方法や，帰納的な思考と演繹的な思考の違いを事前に指導しておく必要がある。前者は単元の中で，後者は1年次からの継続的な指導が必要となるので，教員は教科で育成したい力について，3年間での流れと単元内での流れの両方を見通して構想することが大切であると考える。

（3）生徒が主体的に活動できる場面を設定する

探究の過程において，結果や解決の方法を見通すことや，それらを振り返ることは数学的活動の中で重要な要素であると考えられる。さらに，言語活動をともないながら協働的に取り組むことで，個の思考に変容を生み出し，問題解決に有効に働いた視点や考え方を方法知として習得し，活用できるようになることが期待できる。

例えば，1年生「平面図形」の授業で，「よく回る三角形のコマの心棒の位置を探ろう」という課題がある（『附属横浜中』（2017））。これは，解決への方針を定めるために，円や正三角形で心棒の位置を探り，その点が何を意味するものなのか特徴を見いだしたり，正三角形から条件を緩めた二等辺三角形でも同様の見つけ方が可能かを検証し，その方法を精査したりしていくことで，心棒の位置を決める最適な作図方法を導いていく活動である。この学習過程で，生徒自らが「主体的」に予想したり，他者と「対話的」に関わっていろいろな考えや方法を比較し話し合ったりする場面を確保することで，目的意識をしっかりと持って粘り強く課題と向き合い，最適解を模索したり新たな問いを生成したりしていく「深い学び」が実現できると考える。

3　実践の成果と今後への課題

今年度は「知識・技能」が生活や他教科，多領域とどうつながるか，自分の将来や社会にどうひらかれるかを生徒自身が実感できる単元構想について研究してきた。

方法の統合を扱った3年生の授業では「方法の統合のコツは，ありえないことを認めること」「方法を統合することで，違う図を同じ図と捉え一つの証明ですむ」などの振り返りがあり，振り返りを内容から考え方へ広げたことで，物事を同一視する視点や意義を自覚した様子が窺えた。

課題は，教員自身が教科の本質を意識しつつ，実感させたい・体験させたいことを念頭に置いて適切な課題を選定することや，生徒に主体的・協働的に振り返りを行わせ，自らの学びを有機的に結び付けられたり，その価値を創出できたりする場面を適切に設定することである。

数学科 |||| 57

●第２部／「資料の整理と活用」・１年生

数学科実践例①

1 単元で育成したい数学科の資質・能力〔目指す生徒の学ぶ姿〕

ヒストグラムや代表値などを用いて資料の傾向を捉え，根拠をもって説明する力〔目的に応じて集めた資料をヒストグラムや代表値などを用いて適切に整理し，その傾向や特徴を読み取り根拠をもって説明する姿〕

2 単元について

〔第１学年〕D資料の活用では，「目的に応じて資料を収集し，コンピュータを用いたりするなどして表やグラフに整理し，代表値や資料の散らばりに着目してその資料の傾向を読み取ることができるようにする」ことを目標にしている。また算数・数学WGが2016年に示した『今後の統計教育のイメージ』においては，「分布の傾向を把握したり，二つ以上の集団を比較したりして，問題解決や意思決定につなげる」ことや，「データの収集方法や統計的な分析結果などを多面的に吟味する」ことの重要性が述べられている。

本題材「自ら資料を収集し，傾向を分析して提言しよう」は，テーマの設定から資料収集，分析方法の検討から結果の解釈までをすべて班（５人班）で計画を立てて実行する。これにより，ヒストグラムや代表値など必要な知識・技能の習得度合いを確かめるとともに，目的に応じた資料の収集方法や整理の仕方の理解の深まりが期待できる。また班内で比較・検討することで，様々な視点から資料の傾向が読み取れることを体験し，何を根拠にして説明することが説得力のある説明となるのかを考えさせたい。そして他の班の発表で示された結果を自分なりに解釈し，そこでなされた主張と自らの考えとの相違点を見いだし，批判的な思考をしながら多面的に事象

を捉え分析できる素地を養っていきたい。

3 単元の学びを支える指導事項（◎特に身に付けたい力・機能的習熟を目指す事項）

・ヒストグラムや代表値の必要性と意味を理解すること。
◎ヒストグラムや代表値を用いて資料の傾向を捉え説明すること。

4 単元構想で意識した「つなぐ・ひらく」

A 内容面を「つなぐ・ひらく」
・テーマの設定から結果の解釈までの一連の流れを主体的に計画立てて実践することで，第２学年以降の総合的な学習（TOFY）内での個人研究へひらく。その際にExcelなどの分析ツールの活用方法の習得も併せて行う。

B 見方・考え方を「つなぐ・ひらく」
・資料を多角的に考察して分析することで，他教科（社会）の学習スキル（資料を読み取る力）とつなぐ。
・数学的な根拠をもとに考えを表現し解釈することで，他教科（理科）の学習スキル（科学的に探究する力）とつなぐ。
・根拠をもとに主張を構築したり，その主張に至るまでの過程を論理的に整理して発表したりすることで，他教科（国語）の学習スキル（情報を多面的，多角的に構成する力）とつなぐ。

5 授業の実際

まず，教師が作成した４分間のプレゼンテーションを見本として生徒たちに示した。そしてそのプレゼン後に，さらに説得力を増すための改善点はないかを議論させた。実際，そのプレゼンには相対度数や度数折れ線を用

いた比較などはあったが，生徒たちからは「代表値による比較を加えるべき」や「資料を抽出した集団の傾向をもっと考察で述べるべき」など，多くのアイディアが出された。そこで本題材を示し，そのような視点を意識したプレゼンを，自分たちでコンセンサスを図りながら作成していくように促した。

次時ではテーマを設定し，仮説を立て，それを明らかにする上での資料を収集するためのアンケートを行った。その際「どのような質問文にすることが自分たちの求めている資料の収集につながるのか」を意識させた。そして収集した資料を基にどう分析を進めていくべきかを話し合い，発表に向けての準備を進めていった。班にはグラフ作成に適した方眼タイプの画用紙や電卓を渡したが，「PCでグラフを作成したほうが見やすい」や「Excelで代表値の計算をした方が効率的だ」など，既習ツールを駆使して分析作業を行う班が非常に多かった。また自らの主張をより効果的に伝えるには，表やグラフ，代表値などをどの順で示せばよいかを議論する姿も多く見受けられた。そして分析結果を基に，どのような表現で提言をすることが，自らが伝えたい内容を最も聞き手に訴えられるかを考えさせ，発表タイトルの作成を行わせた。（図1）

発表会本番では，I期に学年全体で取り組んだTOFY基礎を活用することを意識させ，全員が順番に発表を行った（図2）。今回の発表において大切なことは，「他者の発表内容を吟味して自分の考えと比較すること」

図2　発表の様子

「多面的に事象を考察できるようになること」であり，教師としては聞き手が発表後に発表者に手渡すコメントカードの内容を注視した。その多くは「別の代表値での比較も入れるべき」や「累積相対度数も使った方がより説得力が増すと思う」など，数学的な根拠を問うものだったが，中には発表者の説明を鵜呑みにしただけのものや，話し方に対するアドバイスなどもあり，多様な資料を瞬時に自分なりに解釈し，批判的に思考して自らの考え方を広げることの難しさを感じた。

図3は，もらったアドバイスを基に再度自分たちの発表内容を見直して振り返りを行った際の記述である。今後の自らの学びや社会の中で，本単元が「ひらく」ことを予見するような記述が多く見とれた。ただし，発表の際，多くの班が分析結果を根拠として論じていたが，分析内容と提言内容にズレのある班も見受けられ，自身の取組を改めて見返し練り直すことの必要性を改めて感じた。本題材にとどまらず，活用する中で自らの学びを価値付けられるような授業・単元構成をより一層意識し，振り返りの質的向上を目指していくことが今後の課題である。　　　（池田　純）

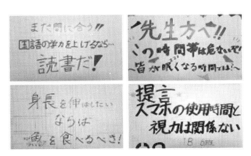

図1　各班の発表タイトルの例

図3　生徒の振り返りでの記述

[資料]　資質・能力育成のプロセス（15時間扱い）

次	時	評価規準 ※（　）内はAの状況を実現していると 判断する際のキーワードや具体的な姿の例	【　】内は評価方法 及び Cの生徒への手だて
1	1 ｜ 5	知　度数分布表やヒストグラムなどの必要性，様々な代表値の意味や必要性，近似値や誤差の意味や表し方を理解している。（○） 技　資料を度数分布表，ヒストグラムを用いて整理し，様々な代表値を求めることができる。（○） 関　資料の分析ツールとしてＰＣの操作方法等を意欲的に習得および活用しようしている。（○）	【発言の確認】【ワークシートの記述の確認】 Ｃ：様々な代表値の定義や，度数分布表やヒストグラムの良さを確認させる。 【発言の確認】【ワークシートの記述の確認】 Ｃ：様々な代表値の求める手順や，階級の幅を決めて資料を整理させヒストグラムを書かせる。 【行動の確認】【作品の確認】 Ｃ：関数の入力方法や手順などを確認させる。
2	6 ｜ 10	見　代表値などを用いて資料の傾向を論理的に考察し表現することができる。（○◎） （Ａ：その資料を分析する上でどの代表値を用いることが適しているか，根拠をもって説明することができる。） 技　目的に応じた資料の分析をすすめるために範囲や代表値を求め，ヒストグラムを用いて整理することができる。（○） 見　相対度数を用いて資料の傾向を読み取ることができる。（○◎） （Ａ：読み取った傾向を，求めた相対度数をもとに説明することができる。）	【発言の確認】【ワークシートの記述の確認・分析】 Ｃ：資料の傾向から平均値だけで判断することが不十分だと考えられる根拠を考えさせる。 【発言の確認】【ワークシートの記述の確認】 Ｃ：資料の範囲をもとに妥当な階級の幅のヒストグラムを書かせ，比較から読み取れる情報を整理させる。 【発言の確認】【ワークシートの記述の分析】 Ｃ：相対度数の意味や求め方を確認し，それを根拠にした傾向を文章化させる。
	11 ｜ 15	関　ヒストグラムや代表値などを用いて資料の傾向を読み取り説明することに関心をもち，自らが立てた課題の解決に生かそうとしている。（◎） （Ａ：様々なヒストグラムや代表値から資料の傾向を読み取り解釈したことを根拠にして，課題の解決に生かそうとしている。） 見　ヒストグラムや代表値などを用いて資料の傾向を読み取り，自らの主張を構築し説明をすることができる。（○◎） （Ａ：資料を整理した結果を正しく解釈し，それを根拠に意思決定を行い，自らの主張を論理的に説明することができる。）	【発言の分析】 Ｃ：目的に応じた資料の分析を進めるために，どのように整理していくべきか，作業の見通しを持たせる。 【発表内容の分析】【振り返りシートの記述の分析】 Ｃ：ヒストグラムや代表値などを用いて導き出した資料の傾向と自らが立てた仮説を比べさせる。 Ｃ：他者との意見交流や発表などから得られた新たな視点や気づきなどを整理させる。

60　|||| 新しい時代に必要となる資質・能力の育成　Ⅲ

〇は主に「指導に生かすための評価」，◎は主に「記録するための評価」

主たる学習活動	指導上の留意点	時
資料の分析に必要な知識を習得しよう。 ・「10秒ストップウォッチ」を行い，クラス内での自分の位置やクラス全体の傾向を，度数分布表からヒストグラムを作成したり代表値を用いて表現したりする。 ・自分の反応時間をもとに近似値，誤差等の意味を理解する。 ・Excel や SimpleHist を用いて，資料の整理の仕方を習得する。	・階級の幅を様々に変えたヒストグラムを比較することで，資料の傾向を読み取るのにふさわしい幅を意識する必要性を意識させる。 ・「標本平均の平均値は集団の平均値として妥当か」など，誤った解釈を起こしやすい事例を確かめ，正しい認識を導く。 ・Excel の関数機能を用いて，様々な代表値を簡単に求められることも紹介する。	1 — 5
資料の分析をすすめる上での有効な視点を養おう。 ・外れ値を含んだ資料や，双峰型の分布資料から，目的に応じた代表値の決め方を考え，その傾向の読み取りを行う。 ・複数の資料を代表値と範囲を用いて比較して，その傾向の読み取りを行う。 ・相対度数を用いて資料の大きさが異なる二つの資料を比較して，それぞれの傾向の読み取りを行う。	・適切な代表値を選ぶ視点や，分布の様子に着目する必要性を意識させる。 ・双峰型のような分布資料にはどのような要因が背景にあるかを確かめるために層別することの必要性や，資料の適切な解釈には条件設定が影響してくることを捉えさせる。 ・「平均値が等しい場合，資料の傾向も同等になると判断することは妥当か」などを問いかけ，多面的な分析が結論を導く上で必要であることを捉えさせる。 ・箱ひげ図などを紹介して，分布の様子に着目することの有用性を意識させる。 ・二つの資料を重ねて比較する上で，度数分布多角形が有効であることに着目させる。 ・累積相対度数などを用いた，目的に応じた分析方法を紹介する。	6 — 10
自ら資料を収集し，分析結果からその傾向を考察して発表しよう。 ・少人数グループで身の回りで関心のあるテーマを設定し，その調査方法を立案し，資料の収集を行う。 ・ヒストグラムや代表値を求めるなどして，資料の傾向を読み取って解釈し，結論を導き出す。 ・説明の仕方を検討し，他グループへ発表を行う。 ・他グループの発表を聞き，自分なりの解釈と照らし合わせ，意見を交わす。 ・課題に対して過程や結論を再検討して整理を行い，自らの調査結果をレポートにまとめる。	・目的を明らかにするためにどのような聞き方をすべきか，その質問文をしっかりと吟味させる。 ・Excel や SimpleHist などを用いて，主張につながった根拠をより明確に伝えるための工夫を意識させる。 ・条件設定を意識させ，解釈に至る経緯の中にその内容を盛り込ませることで，より説得力のある主張へと導くことを心がけさせる。 ・「自分ならばどう解釈するか」という視点を意識させ，他者の発表を聞く。 ・既習事項の振り返りにとどめず，より良い分析方法を再検討させ，資料をより多面的に捉えてまとめ直すことを意識させる。	11 — 15

数学科 実践例 ||||| 61

●第2部／「確率」・2年生

数学科実践例②

1　単元で育成したい数学科の資質・能力
　　〔目指す生徒の学ぶ姿〕

　確率を用いて不確定な事象を捉え考察し表現する力
〔日常生活の不確定な事象について，確率を用いて問題を解決して説明できるとともに，確率を用いて適切な判断を下そうとする姿〕

2　単元について

　この単元は〔第2学年〕D資料の活用（1）「不確定な事象についての観察や実験などの活動を通して，確率について理解し，それを用いて考察し表現することができるようにする。」にあたる。

　本時は，当たりくじの事象を考察することを通して，期待値の意味や求め方を考える。2つのくじ引きの損得を考えることによって，期待値を学習する意味を理解させたい。そのうえで，実際に販売されている宝くじ1枚当たりの賞金の期待値を求め，社会でどのように使えるのかを実感させたい。

　なお，この学習は，高等学校「数学B」につながる内容である。

3　単元の学びを支える指導事項
　　（◎特に身に付けたい指導事項，・機能的習熟を目指す既習事項）

・確率の必要性と意味を理解し，簡単な場合の確率を求めること。
◎確率を用いて不確定な事象を捉え説明すること。

4　単元構想で意識した「つなぐ・ひらく」
A　内容面を「つなぐ・ひらく」

　降水確率，くじ引き，じゃんけんなど，日常生活や社会に関わる事象をあつかう活動を通し，確率の意義を実感できるようにする。また，そのような活動の中で，数学的に考察し，表現することの良さを実感する機会をつくり，確率を活用しようという意欲を育み，日常生活での活用にひらく。その際に，Excelを使用することで，表計算ソフトの活用方法の習得も併せて行う。

B　見方・考え方を「つなぐ・ひらく」

・日常の現象を数学的な根拠を基に考えを表現し解釈することで，他教科（理科）への学習スキル（科学的に探究する力）につなぐ。
・根拠を基に考え，論理的に説明することによって，他教科（国語）への学習スキル（論理的な表現）につなぐ。

5　授業の実際

　冒頭で，実際の宝くじを見せ，授業の最後にはこの宝くじの価値が解るようになると伝えると，生徒たちは意欲が高まった様子だった。次に下の①②のような2種類のくじ引きを提示し，どちらのくじ引きを引くのが得かと問いかけた。

①
```
☆くじ引きの賞金☆
1等2本    10000円
1等5本     1000円
はずれ93本     0円
```

②
```
☆くじ引きの賞金☆
1等5本     5000円
2等14本    1000円
はずれ131本    0円
```

　しばらく考えた後，「全部のくじを引いたときの，くじ1本あたりの賞金額の平均で比

べたら②のくじ引きのほうが高い。だから②の方が得。」という意見が出てきた。その平均の賞金額を期待値といい，平均的に期待される賞金額であることを説明した。

次に下の問題を提示し，期待値を求める方法をグループで議論した。（**図１**）

> **１個のさいころを１回投げて出た目の100倍の賞金（円）がもらえるゲームがあります。受け取る金額の期待値を求めよ。**

最初は賞金の総額がわからないので，平均値が出せずに戸惑う生徒が多かったが，表1を使うことで，それぞれの賞金とその確率の積を求め，それらをすべて足すと期待値が求まることに気付くグループが出てきた。

表１　さいころゲームの表

賞金	600	500	400	300	200	100
確率						

求め方を発表し，全員で共有した後，下の問題で期待値の理解を深めた。

> **500円硬貨を同時に３枚投げて，表が出た硬貨を全部もらえるゲームがある。このゲームの参加料が800円のとき，このゲームに参加することの損得を調べよ。**

最後に実際に販売される年末ジャンボ宝くじのデータを示し（**図２**），購入の損得を考えた。桁数が大きいのでExcelを使い１枚の賞金の期待値を求め，１枚300円のくじに対し期待値は約150円であることが解った。

期待値の考え方を理解するのは難しい生徒もいるのではないかと考えていたが，宝くじを扱うことで，関心が高まり，理解の促進につながった。また，生徒の振り返りからも期待値の有用性を理解し，日常生活に活かそうとする姿が多く見受けられた。（**図３**）

今後も，生活や社会に関わりのある，生徒にとって必要性や有用性を実感できる課題作りに取り組んでいきたい。

図１　授業の様子

年末ジャンボ宝くじは1枚300円で発売されます。期待値を求め，損得を調べよう。

11月 27日 (月)発売！ 「年末ジャンボ宝くじ(第731回全国)」発売概要

等級	当せん金額	本数	各等級の当せん金額の合計
1等	700,000,000	25	
1等の前後賞	150,000,000	50	
1等の組違い賞	300,000	4,975	
2等	10,000,000	500	
3等	1,000,000	5,000	
4等	100,000	35,000	
5等	10,000	500,000	
6等	3,000	5,000,000	
7等	300	50,000,000	
		合計	

※発売総額1,500億円・25ユニットの場合（ユニット2,000万枚）

25ユニットの枚数	

くじ1枚あたりの当選金額の期待値	

図２　年末ジャンボ宝くじのデータ

図３　生徒の振り返りでの記述

（吉田　大助）

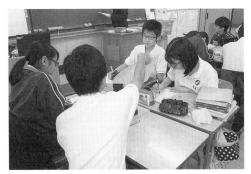

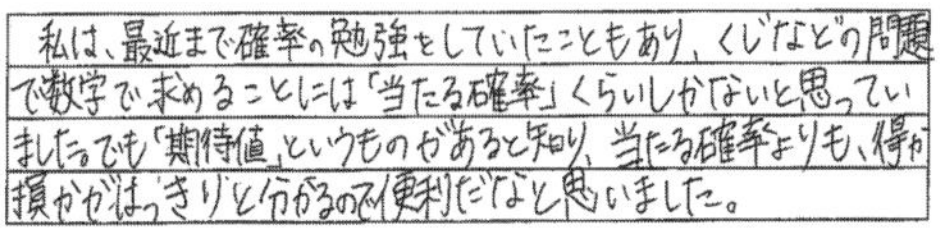

［資料］資質・能力育成のプロセス（10 時間扱い）

次	時	評価規準 ※（　）内はＡの状況を実現していると 判断する際のキーワードや具体的な姿の例	【　】内は評価方法 及び Ｃの生徒への手だて
1	1 ｜ 2	関　不確定な事象の起こりやすさについて調べようとしている。（○）	【活動の確認】 Ｃ：実験方法を確認する。
		技　事象の起こる程度を数を用いて表すことができる。（○）	【ワークシートの記述の確認】 Ｃ：実験の回数と起こった場合の数を確認させる。
		見　不確定な事象の起こりやすさの傾向を読み取ることができる（○）	【ワークシートの記述の確認】 Ｃ：具体的な場面から読み取らせる。
	3 ｜ 6	知　確率の意味を理解している。（○）	【ワークシートの記述の確認】 Ｃ：どのような情報が必要か確認させる。
		技　起こりうるすべての場合の数を 2 次元の表や樹形図で表すことができる。（○）	【ワークシートの記述の確認】 Ｃ：表や樹形図の形式を確認させる。
		技　確率を求めることができる。（○◎） （Ａ：起こりうるすべての場合の数を順序よく整理し、正しく数え上げられる。）	【ワークシートの記述の確認】【発言の分析】 Ｃ：具体的な場面から想起させる。
2	7 ｜ 9	技　具体的な場面におけるくじ引きの確率を求めることができる。（○）	【ワークシートの記述の確認】 Ｃ：樹形図を作成させる。
		見　問題を解決するために，確率を用いて，不確定な事象の起こりやすさの傾向を捉え説明することができる。（○◎） （Ａ：樹形図を用いて、確率について説明することができる。）	【ワークシートの記述の確認】【発言の分析】 Ｃ：樹形図の作成方法を確認する。
	10	関　確率を利用して，問題を解決しようとしている。（◎） （Ａ：期待値を根拠として、損得を考えようとしている）	【ワークシートの記述の確認】【発言の分析】 Ｃ：具体的な場面から想起させる。
		知　期待値の必要性と意味を理解している。（○） 見　問題を解決するために，確率を用いて，不確定な事象の起こりやすさの傾向を捉え説明することができる。（○◎） （Ａ：期待値を求め、損得を説明できる。）	【ワークシートの記述の確認】 Ｃ：具体的な場面から確認させる。 【ワークシートの記述の確認】【発言の分析】 Ｃ：具体的な場面から確認させる。

〇は主に「指導に生かすための評価」，◎は主に「記録するための評価」

主たる学習活動	指導上の留意点	時
【課題】画鋲を投げると針が「上向き」と「下向き」のどちらになりやすいか。サイコロの目で1と6はどちらが出やすいか。 ・実験を行い、資料を収集し、明らかにする方法を話し合う。 ・起こりやすさの程度を数で表すには相対度数を利用するとよいことを理解する。 ・大数の法則から確率の意味を理解する。 【課題】次のことがらは同様に確からしいといってよいか。（将棋の駒の表と横など） ・同様に確からしいについて理解を深める。	・実験を行う前に例を挙げ、確かか不確かかを吟味する。 ・日常生活や社会に関わる事象から、単元を学習することの意義や必要感を高める。 ・実験結果を集約させ相対度数が一定の値に近付くことを実感させる。 ・統計的確率と数学的確率について理解させる。	1 ｜ 2
【課題】2枚のコインを同時に投げるとき、2枚とも表が出る確率は求めなさい。 ・確率の求め方を理解する。 ・問題演習に取り組む。 【課題】●が3つ、▲が2つ、■が1つのサイコロが2つあります。このサイコロを同時に投げた時、最も出やすい印の組み合わせは何か。 ・出やすい印の組み合わせを予想する。 ・根拠を明らかにする方法を考え、記述する。	・起こり得る場合を全て調べる方法への動機付けをする。 ・表や樹形図の有用性を理解させる。 ・表や樹形図を使った、わかりやすい説明を意識させる。	3 ｜ 6
【課題】「残り物には福がある」は本当か？ ・設定された具体的場面における問題解決を行う。 ・各自で具体的な場面を設定し、問題解決を行い班内で説明する。その後全体で何名か発表する。 ・問題演習に取り組む。	・日常生活や社会に関わる事象から、数学的に捉える動機付けをする。 ・各自で解決できそうな具体的な数を設定させる。	7 ｜ 9
【課題】2つの「くじ引き」のどちらが得かを考えよう ・期待値の意味を理解する。 ・設定された具体的場面における問題解決を行う。 【課題】宝くじ1枚当たりの賞金の期待値を求めよう。 ・Excelを使って期待値を求める。 ・期待値の有用性、活用方法をまとめる。	・日常生活や社会に関わる事象から、数学的に捉える動機づけをする。 ・発展的な題材からこれからも数学を学んでいく必要性を実感させる。 ・大きなデータを扱うとき、表計算ソフトを用いる有用性を実感させる。 ・学びの振り返りを行う。	10

数学科 実践例　65

●第2部／「連続整数の秘密を探る」・3年生

数学科実践例③

1 題材で育成したい数学科の資質・能力〔目指す生徒の学ぶ姿〕

既習の内容を基にして，数量や図形の性質などを見いだし，統合的・発展的に考える力〔2次方程式を用いて具体例に潜む規則性を帰納的に見いだし仮説を立て，証明したり，反例を挙げたりするなどして検証する姿〕

2 題材について

1年次では，帰納的に考えたことを一般化し文字を使って説明することを，2年次では，仮定と結論を意識し証明済みの性質と仮定だけを根拠に演繹的に証明することを指導した。演繹的に考え説明する力や根拠を大切にする姿勢は，分かっていることから新しくどのようなことが分かるかを探るのに役立つ力となり，新しい時代に必要となる資質・能力の育成に必要なことだと考える。そこで今年度も，帰納的な推測から演繹的に説明する一連の数学的活動を通して，深い学びへと繋げていく。

本題材「連続整数の秘密を探る」は，〔第3学年〕A（3）エにあたり，2次方程式について理解し，それを具体的な場面で活用できるようにする内容である。課題の解決だけでなく，一般的に拡張できるかどうかを協働的に探究する。生徒の主体的な数学的活動を通して，規則性を発見したり，そこから仮説を立てたり，その証明をしたりすることで，帰納的，演繹的な考え方の楽しさや有用性を認識できるようにすることをねらいとしてこの題材を設定した。

3 題材の学びを支える指導事項（◎特に身に付けたい力・機能的習熟を目指す事項）

◎文字を用いた式で数量及び数量の関係をとらえ説明できることを理解すること。

・因数分解したり平方の形に変形したりして2次方程式を解くこと。

・解の公式を用いて2次方程式を解くこと。

・2次方程式を具体的な場面で活用すること。

4 題材構想で意識した「つなぐ・ひらく」

A　内容面を「つなぐ・ひらく」

・2次方程式の立式を通して，1・2年次の学習内容（方程式を立式する視点）とつなぐ。

B　見方・考え方を「つなぐ・ひらく」

・規則性を演繹的に考察することで，性質を見いだし，統合的・発展的に考察する力へとつなぐ。

・具体例を共通点や相違点の点から分類・整理し，法則や規則性のような問題の背景にある本質に迫ることで，未知の事象を論理的に思考する力へとひらく。

・根拠をもとに自分の意見を構築したり，論理的に整理して発表したりすることで，言葉を通じて伝え合う力へとつなぎ，お互いの意見を尊重しつつ，より良い意見を練り上げていく態度にひらく。

5 授業の実際

本実践例では，第2次の後半（特に5〜8時）について記述する。第5・6時では，「1＋2＝3」や「4＋5＋6＝7＋8」のように連続する奇数個（$2n+1$）の自然数では，小さい方$n+1$個の自然数の和と大きい方n個の自然数の和が等しくなるような自然数列が必ず存在し，その初項がn^2となることを協働的に発見し，仮説化して証明する活動に取り組んだ。生徒は連続する3つの自然数や連続する5つの自然数の場合だけでなく，7

66　||||新しい時代に必要となる資質・能力の育成　Ⅲ

つ，9つと帰納的に試していく中で，初項に特徴的な数が現れることはすぐに気付き，それを学級全体で次のようにまとめた。

【仮説1】連続する2n+1個の自然数では，小さい方n+1個の和＝大きい方n個の和となるのは，最初の数がn^2のときである。

この証明を個人→グループの順で考えさせた。途中〜〜〜が結論，＿＿＿が仮定であることを気付いたグループがあったので，全体で共有し，最後に代表生徒2名に自分またはグループの証明を板書，説明させ，演繹的に証明する方法として，次の2通りを確認した。

Ⅰ 初項をxとし，（左辺）＝（右辺）とし，方程式を解き，$x = n^2$を導く。
Ⅱ 初項をn^2とし，（左辺）を変形した式と（右辺）を変形した式が等しくなることで（左辺）＝（右辺）を示す[※1]。

　第7・8時の課題は，第5・6時の内容を発展させた内容である。「$3^2+4^2=5^2$」や「$10^2+11^2+12^2 = 13^2+14^2$」のように連続する奇数個（2n+1）の自然数では，小さい方n+1個の平方数の和と大きい方n個の平方数の和が等しくなるような自然数列が必ず存在し，その初項等に潜む規則性を発見し，仮説化して証明する。生徒は初項や中央項をxとおき2次方程式を解き，帰納的に調べていく。頃合いを見て，その内容を表1のように板書し，発見したA，B，Cのいずれかの規則性から仮説をまとめさせた。

表1 帰納的にまとめた表

連続 a	左辺 b	右辺 c	最初 A	中央 B	最後 C
3個	2個	1個	3	4	5
5	3	2	10	12	14
7	4	3	21	24	27
9	5	4	36	40	44
11	6	5	55	60	65

【仮説2】連続するa個の自然数では，小さい方b個の平方和＝大きい方c個の平方和となるのは＿＿＿の数が＿＿＿のときである。

仮説を考える際に何をnとするかは，aをnとする生徒も少数いたが，証明が難しくbやcにおき直していた。多かったものは，

① A ＝ ac となることに注目
右辺の個数をnとし，A ＝ n(2n+1)
② B ＝ 2bc となることに注目
右辺の個数をnとし，B ＝ 2n(n+1)
左辺の個数をnとし，B ＝ 2n(n−1)

グループの力を借りながら個人での解決を目指したが，証明できた生徒は全体の3割程度だった。証明できた生徒に板書，説明させる中で，（左辺）−（右辺）＝ 0を示せばよいことを，第3の証明方法として紹介した。
授業の振り返りで生徒Aは，仮説を証明するために文字の置き方等を工夫する中で新たな気付きがあること，帰納的な手続きで規則性を見いだすことが仮説を立てることに役立つことを指摘している（図1）。今後とも，教科固有の見方や考え方に重点をおいた振り返りの質的向上を目指したい。

仮定を立てて検証することでそれまでわからなかったことが確かになる。仮説を立ててみるとその仮説を立証するために，文字の置き方や証明の方針，方法が変わってくる。そのため，もともとの式からは思いつかなかった様な法則や規則性を発見できる。それが仮説を立てて立証することの良さではないかと思う。
仮説を立てるためには，様々な数字に置き換えて試すことが大事だと思う。様々な数字に置き換えて試すことで何かパターンや規則が見えてくる。

図1 生徒Aの記述

※1 この証明には自然数の和の計算ができた方が便利であるので，1章の探究的な学習で自然数の和，平方数の和，立方数の和の求め方を面積図を用いて学習済である。なお，未習でも証明には差し支えない。

（関野 真）

数学科 実践例 67

[資料]　資質・能力育成のプロセス（8時間扱い）

次	時	評価規準 ※（　）内はAの状況を実現していると 判断する際のキーワードや具体的な姿の例	【　】内は評価方法 及び Cの生徒への手だて
2	1 ― 4	関　2次方程式を利用して，問題を解決しようとする。（○） 見　2次方程式を利用した問題の解決で，その問題の解決の方法が適切であったかどうか振り返って考えることができる。（○） 技　簡単な2次方程式をつくったり，解を求めたりするとともに，その手順や解の適否を説明することができる。（○） 知　2次方程式を利用して問題を解決する手順を理解している。（○）	【発言の確認】 C：解決の見通しを持つために，既習単元（1次方程式や連立方程式）での有効だった方法を思い出し，注目する数量を考えるよう促す。 【ワークシートの記述の確認】 C：数学を生活場面で活用する際の方法（xとおく→立式→解く→吟味）を意識させ，自分やグループの記述を解釈させる。 【発言の確認】 C：数学を生活場面で活用する際の方法（xとおく→立式→解く→吟味）の中で特に解の吟味を意識させる。 【発言の確認】 C：数学を生活場面で活用する際の方法（xとおく→立式→解く→吟味）を意識させる。
	5 ― 8	関　2次方程式を利用して，問題を解決しようとする。（◎） （A：数学的な手続きにそって，論理的にわかりやすく考えている。） 見　2次方程式を利用した問題の解決で，その問題の解決の方法が適切であったかどうか振り返って考えることができる。（◎） （A：数学的な根拠に基づいて，論理的に説明している。）	【ワークシートの記述の分析】 C：解決の見通しを持つために，2次方程式を利用して具体例を調べてみるよう声をかける。 【ワークシートの記述の分析】 C：課題を数学的に探究する1つの方法（帰納的に推測・演繹的に検証）の手続きを意識するように声をかける。

○は主に「指導に生かすための評価」，◎は主に「記録するための評価」

主たる学習活動	指導上の留意点	時
2次方程式を活用する。 問題　総当たり戦が380試合のとき，何チームか？ 問題　縦8 m，横10mの長方形の土地に十字の道をつくる。残りの土地の面積を50m²にするの道幅は？ 問題　自然数を図のように並べていく。四隅の和が820になるのは何番目か？ 1番目　2番目　　3番目　　　4番目 ・個々に取り組んだ後に，グループで相談，確認する。 ・解法と有効だった方法を，全体で共有する。	・一般的な方程式のつくり方（1つの数量を2通りの表し方をすること）を思い出させる。 ・題意に沿って解を吟味することの必要性を感じさせる。 ・規則性を演繹的に考えることの重要性を感じさせる。	1 ― 4
2次方程式を用いて数の性質を探究する。 【探究課題1】 連続奇数個の自然数において，小さい方いくつかの和と大きい方いくつかの和が等しくなるのはどんな場合か考察し，仮説を立てて検証しよう。 【探究課題2】 連続奇数個の自然数において，小さい方いくつかの**平方和**と大きい方いくつかの**平方和**が等しくなるのはどんな場合か考察し，仮説を立てて検証しよう。 ・2次方程式を用い，帰納的に推測し仮説を立てる。 ・個人で立てた仮説をグループで比較，検討した後，全体で仮説を共有する。 ・全体で共有した仮説が成り立つことを，演繹的な手続きを用いて，グループで協働的に証明する。 ・グループで考えた証明を個人で解釈しなおし，演繹的な手続きと有効だった方法についてまとめる。	・具体例を帰納的に推測し，規則性に注目させる。 ・演繹的に説明する方法を考えさせる。 ・一般化したり，発展させることができないか考えさせる。 ・具体例を帰納的に推測し，規則性に注目させる。 ・演繹的に説明する方法を考えさせる。 ・学びの振り返りを行う。	5 ― 8

数学科 実践例　69

第2部｜各教科の実践

実践例①〜②

1 理科で育成する資質・能力と実現したい生徒の学ぶ姿

『新学習指導要領』では，理科で育成する資質・能力について「知識及び技能」「思考力・判断力・表現力等」「学びに向かう力，人間性等」の三つの柱に沿って，次のように整理されている。
「知識及び技能」：自然の事物・現象についての理解と，科学的に探究するために必要な観察，実験などに関する基本的な技能。
「思考力・判断力・表現力等」：観察，実験などを行い，科学的に探究する力。
「学びに向かう力，人間性等」：事物・現象に進んで関わり，科学的に探究する態度。

また，理科の見方・考え方とは，自然の事物・現象を，量的・関係的な視点，質的・実体的な視点，多様性と共通性の視点，時間的・空間的な視点などの科学的な視点で捉え，比較したり，関係付けたりするなどの科学的に探究する方法を用いて考えることである。

以上のような理科における資質・能力及び見方・考え方を育んでいくために，本校理科では，次のような生徒の姿を目指し，授業を実践した。

・学習した知識や技能を生かして仮説を立てたり，見通しを持って実験を計画したりする姿。
・観察・実験から得られた結果を分析し解釈し，科学的な根拠を基に自らの考えを表現する姿。
・情報を収集して仮説や他者の考えの妥当性を検討したり，考察したりする姿。

2 理科の「カリキュラム・デザイン」における工夫点

(1) 科学的な探究の過程を重視した問題解決学習

本校理科では，資質・能力の育成のため，理科の本質である見方・考え方を働かせて見通しをもって観察・実験などを行うなどの科学的に探究する学習活動を日常的に行っている。具体的には，その単元で学習した内容を生かすことができる問題に対して生徒が仮説を立て，その仮説を検証するための実験や観察の方法を考え，実行し，実験や観察の結果から科学的な概念を再構築させることである。この活動では，主体的・対話的で深い学びの実現のために，次に挙げるような工夫をしている。

主体的な学びのためには，課題に対する仮説を立て，その仮説を検証するための実験方法を結果に対する見通しを持ちながら計画し，検証し，実施する活動を行っている。

対話的な学びのためには，課題に対して立てた仮説や仮説を検証するための実験方法を他者に説明することや，他者が考えた仮説や実験方法について意見交換したり，科学的な根拠を基に議論したりする活動を行っている。学期末に行っている授業評価において，理科の授業の中で「自分の考えを深めたり，新たな発見をしたりする機会がある。」という項目について肯定的な回答をした生徒の9割以上が「そのように感じるのは具体的にはど

のような場面か」という質問に対して，「仲間と実験方法や考察について話し合っているとき」という回答をしており，対話的な学びが理科で育成する資質・能力を養うことに繋がっていることが分かる。

深い学びのためには，理科の見方・考え方を働かせられるような場面設定を行ったり，試行錯誤しながら追究させるなどの探究の過程を重視した授業をデザインしたり，様々な知識がつながって，より質の高い科学的な概念が形成できるような活用課題を設定したりしている。

（2）社会や日常生活につながる必然性のある課題設定

社会や世界に向き合い関わっていくことに向けて，必要な資質・能力を育成していくために，社会や日常生活と関連付けた課題設定を行う。具体例としては，生徒が自動車の開発者であるという設定のもと，自動車が事故を起こした時の衝撃の大きさを調べるために仮説を立て，モデル実験を行い，科学的な根拠を基にした説明をさせるなどの課題である。このような単元の学習内容を総合的に活用できるパフォーマンス課題に取り組ませることにより，学びを人生や社会に生かそうとする態度を育む。

（3）学習内容の振り返りを計画的に取り入れる

生徒自身が何が理解できていて，理解できたことをどう使うことができたかを自覚させるために，学習内容の振り返りを行わせる。具体的には，実験や観察を行った後のレポートや，単元の前後で行う問いの設定である。レポートでは，仮説を基に実験や観察を行い，得られた結果を分析・解釈するという，一連の科学的な探究のプロセスを振り返らせ，科学的概念の再構築を行わせる。また，単元のはじめと終わりにその単元を貫く問いを投げかける。単元での学習を通じて，はじめには分からなかったことや理解が浅かった事柄が，事後では習得できていたり，より深い理解ができていたりするということを生徒自身が実感できるようにするためである。

また，こうした振り返りは，生徒のみならず教員にとってもカリキュラム・デザインをする上での重要なカリキュラム評価となる。生徒の振り返りから，学習の中で習得した知識が十分に活用できているかどうかを分析し，課題となる箇所に関しては生徒にフィードバックする。また，生徒の理解の深まりを読み取ることで，次の学習活動のデザインへとつなげていく。

3　実践の成果と今後への課題

カリキュラム・デザインにあたり，理科の本質を見失わずに単元構成をすることが改めて重要であることが分かった。たとえば，第3学年で扱った「自然環境の保全と科学技術の利用」は，社会科や技術科などの学習内容とつながりがある。しかし，重要なのは，科学的な視点から自然環境に関する問題や発電方法などについて考えることである。他教科とのつながりばかりを意識するのではなく，事物・現象を科学的な視点で捉えるという理科の本質を見失わずに単元構成をする必要がある。本校の理科で継続的に行っている「科学的な探究の過程を重視した問題解決学習」では，理科の本質を捉え，かつ日常生活や社会に即した文脈での課題設定をすることで生徒に有用感を持たせるようにしている。現状では，教員側から課題を設定してしまうことがまだあり，「自分ごと」として課題を設定させることについて，今後も工夫が必要である。

●第2部／「植物工場の計画を立てよう」・1年生

理科実践例①

1 単元で育成したい理科の資質・能力
〔目指す生徒の学ぶ姿〕

　植物の生活と種類に関する事物・現象を理科の見方・考え方を働かせ，科学的に探究したり，科学的な根拠を基に表現したりする力〔植物工場の建設計画を考える課題において，習得した知識を活用し，科学的な根拠を基に論理的に説明している姿〕

2 単元について

　本単元「第2分野（1）植物の生活と種類　イ　植物の体のつくりと働き」は，植物の花，葉，茎，根についての観察，実験を通して，植物の体のつくりの多様性と共通性に気付かせるとともに，つくりと働きを関連付けて捉えるなど，植物の生命を維持する仕組みについての理解を深めさせることが主なねらいである。

　その具体的な方策として，単元の終わりに「あなたは，農場の経営者です。狭い土地でも効率的に作物が育てられるように，葉もの野菜の生産工場（植物工場）の建設を計画することにしました。植物を育てる上で大切な条件を考え，どのような植物工場を作ればもっとも効率的に野菜を育てることができるか，建物，設備の計画を科学的な根拠を基にプランを作成しなさい。」という課題を設定した。課題解決を図る中で，学習した知識を社会や日常生活に関することと関連付けて捉えさせ，個別の知識と知識をつなげ，問題解決や思考に使える，構造化された知識や概念の構築を目指す。

3 単元の学びを支える指導事項
（◎特に身に付けたい指導事項，・機能的習熟を目指す事項）

◎いろいろな植物の花のつくりの観察を行い，その観察記録に基づいて，花のつくりの基本的な特徴を見いだすとともに，それらを花の働きと関連付けて捉えること。

◎いろいろな植物の葉，茎，根のつくりの観察を行い，その観察記録に基づいて，葉，茎，根のつくりの基本的な特徴を見いだすとともに，それらを光合成，呼吸，蒸散に関する実験結果と関連付けて捉えること。

・見通しをもって観察・実験などを行い，科学的に探究したり，科学的な根拠を基に表現したりすること。

4 単元構想で意識した「つなぐ・ひらく」

（1）日常生活とつなぎ，社会へひらく

　普段食している果物のつくりについて調べることで，これまでの学習した知識と日常生活の関連性を見いださせる。また，農場の経営者として植物工場の建設を計画するという文脈を取り入れることで，学習内容を社会へひらき，学びの有用性を実感させたい。

（2）他教科の学習内容へひらく

　本単元で学ぶ，根・茎・葉のつくりとはたらきの学習内容が，2年技術科の植物の栽培の学習に生かせるようにしたい。

（3）単元内の個別の知識をつなぐ

　科学的な概念を使用して考えたり説明したりするなどの学習活動を重視する。具体的には，植物工場で効率的に野菜を育てる方法を考えることで，植物の成長に必要な個別の要素を植物の身体のつくりや他の文脈と関連付け統合的に捉えさせ，構造化された科学的概念の構築を目指す。また，意図的，計画的に

72　||||| 新しい時代に必要となる資質・能力の育成　Ⅲ

言語活動を取り入れることで，他者への説明によるつながりのある知識への変容と，他者からの多様な情報を得ることによる知識の質的高まりを目指したい。

5　授業の実際
（主に17時から18時の授業について）

導入では，生徒の問題意識を高めるために，現在の日本の農業の課題として天候不順やコスト高，売値の下落等を見いださせた。その後，「植物の工場の建設計画」について課題設定を行った。

次に，植物を育てる上で必要な条件を個々に振り返らせ，自分なりのプランを考える時間を設定した。その後，グループで共有する時間を設定した。グループで考える場面では，既習事項である光合成に必要な要素を基に，光や水や二酸化炭素をどのようにすれば効率的に植物が取り込むことができるか，設備の工夫を出し合い議論する姿が見られた。その際，施設や設備を自由に発想して考えて良いことや，最も効率的な方法を練り上げるために，知識を組み合わせたり，選択したりすることが大切であることを指導した。グループごとの建設計画を，ホワイトボードにまとめさせ，思考を可視化させた。

その後，グループで考えた計画について，発表する場を設けた。総合的な学習の時間に学んだプレゼンテーションの技術を意識するように伝えたことで，要点を整理しながら，伝える内容の順番等を考え発表する姿が見られた。また，発表を聞く側は，自分たちの計画との共通点や相違点を見いだすよう指導したことで，他者の発表内容から優れている点を取り入れ，計画の改善をする姿が見られた。

発表後は，自分の考えを論述する活動を設定した。その際，他者や他のグループの考えを取入れ，最適な建設計画を自分なりに考えるよう指導した。なぜそのように計画したのか，科学的な概念を活用したり，既存の知識と組み合わせたりしながら論述する姿が見られた（図1）。

同じ時期に，2年生が技術科で栽培の授業を行っていた。個々に好きな野菜の苗をプランターに植え，グラウンド周辺に自由に置いているのだが，その様子を見ながら「あそこだと，夕方建物の影で日当たりが悪くなるよね。」など，学習した知識を他の場面で生かそうとする姿が見られた。（参観した教員からの評価は本書籍 pp.12-13参照）

生徒のまとめた建設計画はバリエーションに富んでいた。知識と知識をつなげること，知識と経験をつなげることは，新たな知識や価値の創造の有用な手段になるのではないか。社会に出たときに，他者との創発的なコミュニケーションの中で，その手法を自覚的に用いることの有用性について，今後の研究の課題としていきたい。

（田中　明大）

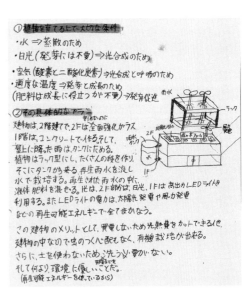

図1　生徒のレポート

[資料]　資質・能力育成のプロセス（18 時間扱い）

次	時		評価規準 ※（　）内はAの状況を実現していると 判断する際のキーワードや具体的な姿の例	【　】内は評価方法 及び Cの生徒への手だて
1	1 ｜ 5	関	これまでに学んだことをもとに，本質的な問い「before & after」に取り組んでいる。（○）	【ワークシートの記述の確認】 C：正解を求めるための活動ではないことを伝えるとともに，小学校での学習の振り返りや生活経験を基に書くように促す。
		思	観察記録にもとづいて，花のつくりの共通点と相違点を見いだし，表現している。（○）	【発言の確認】【ワークシートの記述の確認】 C：既習事項を確認し，それぞれの花のつくりの違いを確認させる。
		知	被子植物と裸子植物の花の基本的なつくりについて理解し，知識を身に付けている。（○◎）（A：正確に説明している。）	【発言の確認】【ワークシートの記述の分析】 C：ポートフォリオや教科書などを確認させる。
2	6 ｜ 16	思	観察，実験の結果から葉のつくりとはたらき，光合成のしくみについて自らの考えを導き表現している。（○◎） （A：論理的にわかりやすく説明している。）	【発言の確認】【ワークシートの記述の分析】 C：既習事項を確認し，論理的な説明になっているか推敲させる。
		技	適切に対象実験を行い，顕微鏡を正しく操作しながら観察し，記録をしている。（○）	【行動の確認】【ワークシートの記述の確認】 C：ポートフォリオや教科書を確認させる。
		知	葉，茎，根のつくりとはたらき，光合成のしくみについて理解し，知識を身に付けている。（○◎） （A：正確に説明している。）	【発言の確認】【ワークシートの記述の分析】 C：ポートフォリオや教科書などを確認させる。
	17 ｜ 18	関	課題を科学的に探究しようとするとともに，日常生活や社会との関わりで見ようとする。（○）	【行動・発言の確認】 C：課題に対する見通しを持たせるとともに，対話を通して課題への意欲を高めさせる。
		思	植物の体のつくりと働きに関する事物の中に問題を見いだし，自らの考えをまとめ，表現している。（○◎）（A：科学的な概念や根拠を明らかにして，論理的にわかりやすく説明している。）	【発言の確認】【ワークシートの記述の分析】 C：科学的な概念や根拠の妥当性を確認させる。論理的な説明になっているか推敲させる。
		知	植物の体のつくりと働きに関する基本的な概念や知識を身に付けている（○◎） （A：正確に説明している。）	【発言の確認】【ワークシートの記述の分析】 C：既習事項を確認させる。

○は主に「指導に生かすための評価」，◎は主に「記録するための評価」

主たる学習活動	指導上の留意点	時
・小学校で学習した知識を思い出しながら本質的な問い「before & after」を記入する。 ・花全体を観察した後，花を分解して整理する。 ・被子植物と裸子植物の共通点と相違点を考え，発表する。 【活用課題】 自宅から持ってきた果物の体のつくりについて，インターネットを活用して調べ，発表しなさい。	・過去にどのような実験，観察を行ったか，具体的に思い出させる。 ・観察の結果を比較させる。 ・胚珠，子房，果実，種子など，学習した言葉を使い，説明を行わせる。	1 — 5
・葉と光合成に関する観察，実験を行い，結果を分析し，解釈して，考察を論述する。 ・植物の呼吸と水に関する観察，実験を行い，結果を分析し，解釈して，考察を論述する。	・班での話し合いや，自己の考えを記述させる言語活動を適宜取り入れる。 ・観察，実験の結果を，比較させたり関連付けたりさせながら，分析，解釈を行わせる。	6 — 16
【活用課題】 あなたは，農場の経営者です。狭い土地でも効率的に作物が育てられるように，葉もの野菜の生産工場（植物工場）の建設を計画することにしました。植物を育てる上で大切な条件を考え，どのような植物工場を作ればもっとも効率的に野菜を育てることができるか，建物，設備の計画を科学的な根拠を基にプランを作成しなさい。 ・課題について個人で考える。 ・グループ内で考えを共有し，最も妥当な計画になるよう話し合う。 ・グループで考えた計画を他のグループのメンバーに発表し，討論する。 ・課題について再構築された自分の考えを論述する。	 ・習得した科学的な概念や用語を使用させる。 ・科学的な根拠を基に考えているか確認させる。 ・習得した科学的な概念や用語を使用させる。 ・必要に応じて質問しながら聞き取り，自分の考えとの共通点や相違点を見いだす。 ・科学的な概念や根拠を基に論理的にまとめさせる。	17 — 18

理科 実践例 ‖‖ 75

●第2部／「自然の恵みと災害」「科学技術と人間」・3年生

理科実践例②

1　単元で育成したい理科の資質・能力
〔目指す生徒の学ぶ姿〕

　学習した知識や調査して得られた結果について，理科の見方・考え方を働かせて分析・解釈し，自分の考えを表現する力
〔調査や対話的な学習活動を通して得られたさまざまな情報から，持続可能な社会を実現するためにはどうしたらよいかを判断する姿　これまで学習した知識を総合して科学的な根拠をもとに，これからの日本がどのような発電方法を選択するべきかを論じる姿〕

2　単元について

　本単元「自然の恵みと災害」「科学技術と人間」では，第1分野と第2分野の学習を生かし，科学技術の発展と人間生活との関わり方，自然と人間の関わり方について多面的，総合的に捉えさせ，自然環境の保全と科学技術の利用の在り方について科学的に考察させ，持続可能な社会をつくっていくことが重要であることを認識させることがねらいである。テーマを設定して協働的な学習活動を展開するとともに，対話的な学習を通して，生徒がこれからの未来をよりよく生きるためにはどうしたらよいかを科学的な根拠をもとに判断できるようにさせたい。

3　単元の学びを支える指導事項
　　（◎特に身に付けたい指導事項，・機能的
　　習熟を目指す既習事項）

・調査を通して、自然環境の保全と科学技術の在り方について、科学的に考察して判断する。

◎エネルギーに関する観察，実験を通して，日常生活や社会では様々なエネルギーの変換を利用していることを理解する。

◎人間は水力，火力，原子力などからエネルギーを得ていることを知るとともに，エネルギーの有効な利用が大切であることを認識する。

◎自然環境の保全と科学技術の利用の在り方について科学的に考察し，持続可能な社会を作ることが重要であることを認識する。

4　単元構想で意識した「つなぐ・ひらく」
（1）他教科の知識や技能とつなぐ

　日本の自然環境について理解するために，社会科の地理的分野や家庭科の調理の分野の知識とのつながりがある理科とは一見関連のなさそうな"出汁"をテーマに授業を行ない，結果として科学的な考察に至る授業を行うことで，日常生活に科学が関連しているという実感を生徒に持たせたい。

（2）情報活用とつなぐ

　さまざまな発電方法について調査をする時間にTPCを用いて調査をするだけではなく，図書室で文献による調査を行い，確実な情報を得ることや事物・現象を多面的に見たり，考えたりすることの重要さを認識させる。

（3）実社会にひらく

　「あなたは，新しい政権で発足した"エネルギー担当省"の官僚に着任しました。エネルギー担当大臣が，「これからの日本がどのような発電方法を選択すべきか」の方針を発表することになりました。根拠とともに分かりやすくプレゼンしなさい。」という課題設定をし，科学的な見方や考え方を実社会に即して生かす。

5　授業の実際

　「自然環境の保全と科学技術の利用」は，ともすると「人間が科学技術を発展させるこ

76　‖‖‖新しい時代に必要となる資質・能力の育成　Ⅲ

とにより，生活が豊かになった一方で，環境破壊による酸性雨や地球温暖化などの問題がある」というステレオタイプのような知識の習得に終始してしまうことがある。しかし，3年間で習得した知識や科学的な見方・考え方を駆使して，環境の保全と科学技術の発展を両立していくという難題について考える中学校理科の中ではもっとも実社会にひらかれた単元であると考える。

環境問題を自分ごととして捉えさせるために，単元のはじめに日本の自然環境のすばらしさを生徒に感じさせるような導入を行った。

「日本で出汁を用いる料理が多いのはなぜか」というテーマで軟水と硬水を用意し，それぞれの水で同じ食材から出汁を取り，味を比べた。なぜ味に違いが出るのかを地理的な視点，科学的な視点の両面から考えた。ほかにも「なぜ，日本は温泉大国と呼ばれるほど温泉が多く出るのか」「日本の国土の約7割が森林であるのはなぜか」など，私たちが生活する日本がいかに恵まれた自然環境を保持しているのか，自然の恵みをわれわれが享受できているのは奇跡的なことであるという意識を生徒に持たせた。

単元のまとめとして「あなたは，新しい政権で発足した『エネルギー担当省』の官僚に着任しました。エネルギー担当大臣が，「これからの日本がどのような発電方法を選択すべきか」の方針を発表することになりました。根拠とともに分かりやすくプレゼンしなさい。」という課題を提示し，現状の発電方法の割合や日本の年間消費電力についての情報提供をした。8人を1グループとし，「水力」「火力」「原子力」「再生可能エネルギー」の4つの発電方法について2人1組でTPCや図書室の文献を用いて調査を行った。調査の結果から分かったことについてグループ内でプレゼンを行った（図1）。

プレゼンを受けて，グループごとにこれから

図1　調査した結果について，グラフを示しながら説明する姿

日本が選択するべき発電方法を考え，その内容をクラス全体にプレゼンを行った。すべてのグループの考えを聞いたのち，個人としてもし自分が大臣だったら，どのグループの提案を採用するか根拠をもってまとめた。

はじめは，近年の世論に影響されて「原子力発電は危険だから，やめよう」という意見の生徒が多かったが，調査をし，グループで話し合いを重ねていく中で，環境のことを考えると，必ずしも原子力を排除することが正しいとは言い切れないことや一見素晴らしい発電方法に思える再生可能エネルギーにもコストがかかることなど，これから生徒たち自身が生きていく日本において，持続可能な社会を実現するためにはどうしたらよいかを判断する姿を実現できた。

（神谷　紘祥）

[資料]　資質・能力育成のプロセス（11時間扱い）

次	時		評価規準 ※（　）内はAの状況を実現していると 判断する際のキーワードや具体的な姿の例	【　】内は評価方法 及び Cの生徒への手だて
1	1 ｜ 4	関	身近な事柄に対して，科学的な見方を働かせて考えようとしている。（○）	【発言の確認】【記述の確認】 C：地理の資料集などの内容を確認するとともに，グループの仲間とホワイトボードを使って知識の共有を図る。
2	5 ｜ 7	関	自分が担当する発電方法について積極的に調査をし，分かりやすくまとめようとしている。（○）	【発言の確認】【記述の確認】 C：既習事項を確認しつつ，疑問があれば質問するように促す。
		知	自分が担当する発電方法のしくみや長所短所について理解している。（◎◎） （A：さまざまな発電方法の長所・短所を理解し，自分の考えを説明する上で使用している。）	【発言の確認】【記述の分析】 C：説明が不十分な用語などについて周囲から質問させ，説明させる。
	8 ｜ 11	関	同じグループの仲間が調査した内容から，日本が選択すべき発電方法について考えようとしている。（○◎） （A：根拠を持って，発電方法の選択をしている）	【発言・行動の確認】【記述の分析】 C：仲間が調査した内容について理解できないところを確認し，質問するように促す。
		思	自分が調査した内容について，聞き手が分かりやすいように表現している。（○）	【発言の確認】 C：分かりにくかったところをまわりの聞き手に質問させる。
		技	調査した結果を記録し，資料の活用の仕方などを身に付けている。（○）	【発言の確認】【記述の確認】 C：データの読み取り方を確認させる。同じテーマについて調査している仲間に確認させる。
		知	自分が調査した内容について，用語や概念を理解している。（○◎）	【発言の確認】【記述の分析】 C：教科書の内容を確認させる。同じ担当で調査した仲間に確認させる。
		思	習得した科学的な用語や概念を使用して，課題に対する自分の考えを表現している。（○◎） （A：科学的な概念や用語を使用して，論理的に自分の考えを表現している。）	【記述の分析】 C：プレゼンテーションを通して，新たに発見したことや感じたことを説明させ，思考の整理を図る。
		知	さまざまな発電方法の長所・短所を理解している。（○◎） （A：さまざまな発電方法の長所・短所を理解し，自分の考えを説明する上で使用している。）	【記述の分析】 C：理科のワークシートや教科書，資料集の内容を確認させる。

○は主に「指導に生かすための評価」，◎は主に「記録するための評価」

主たる学習活動	指導上の留意点	時
・軟水と硬水それぞれで出汁をとって飲み比べ，なぜ日本では出汁を使う文化があるのか，社会科の資料集などを使って調べ，グループで話し合う。	・文化的な背景だけでなく，科学的な見方や考え方を働かせて考えさせる。	1 — 4
・日本がなぜ温泉大国と呼ばれるのか，TPCを使って調べ，グループで話し合う。	・習得した科学的な概念や用語を使用して考えさせる。	
・日本の自然環境と科学技術の発展を支えるエネルギーについて問題提起する。	・日本の自然環境をかけがえのないものであると感じさせ，環境保全と科学技術の発展の両立を自分ごととして捉えさせる。	5 — 7
【課題】あなたは，新しい政権で発足した"エネルギー担当省"の官僚に着任しました。 　エネルギー担当大臣が，「これからの日本がどのような発電方法を選択すべきか」の方針を発表することになりました。根拠とともに分かりやすくプレゼンしなさい。		
・グループを「水力」「火力」「原子力」「再生可能エネルギー」の4つに分け，それぞれの発電のしくみや長所短所について調査をする。	・必要に応じて図書室の書籍やTPCを活用して調査させる。	
・各担当が調査した内容をグループ内で，5分ずつプレゼンする。	・必要に応じてパワーポイントを使用させる。	8 — 11
・各担当のプレゼンを聞き，グループとして日本が選択すべき発電方法（どの発電方法をどれくらい採用するか）を決める。	・新たな知識と思考の変容を振り返ることができるような構成のワークシートを作成する。 ・既習事項を生かし，根拠をもってグループの考えをまとめさせる。	
・グループの考えを大臣にプレゼンするつもりで，クラス全体にプレゼンする。	・必要に応じてパワーポイントを使用させる。	
・自分が大臣だったら，どのグループの提案を採用するかアンケートを取る。	・根拠をもって，どのグループの提案を採用するか考えさせる。	
・課題に対する個人の考えを改めてまとめる。	・プレゼンテーションを通して，気付いたことや新たに分かったことを含め，自分の考えをまとめさせる。 ・科学的な概念や用語を使用させる。 ・「自然環境の保全」「豊かな人間生活」という視点から考えることを確認させる。	

理科 実践例 |||| 79

┃第2部┃各教科の実践┃

音楽科

実践例①

1　音楽科で育成する資質・能力と実現したい生徒の学ぶ姿

　『新学習指導要領』では育成を目指す資質・能力が次の三つに明確化された。

（1）曲想と音楽の構造や背景などとの関わり及び音楽の多様性について理解するとともに，創意工夫を生かした音楽表現をするために必要な技能を身に付けるようにする。

（2）音楽表現を創意工夫することや，音楽のよさや美しさを味わって聴くことができるようにする。

（3）音楽活動の楽しさを体験することを通して，音楽を愛好する心情を育むとともに，音楽に対する感性を豊かにし，音楽に親しんでいく態度を養い，豊かな情操を培う。

　これらを実現するためには，表現及び鑑賞の幅広い活動を通して，音楽的な見方・考え方を働かせ，子供たちが生活や社会の中の音や音楽，音楽文化と豊かに関われるよう授業を計画することが必要となる。「音楽的な見方・考え方」について『新解説』では，「音楽に対する感性を働かせ，音や音楽を，音楽を形づくっている要素とその働きの視点で捉え，自己のイメージや感情，生活や社会，伝統や文化などと関連付けること」と示されている。そのために体験的な活動を通して，感性と知性の両方を働かせて対象や事象を捉えることの重要性が指摘されている。

　これを踏まえ，実現したい生徒の学ぶ姿として，本校では「創意工夫を生かした表現力につながる技能」を獲得するために，内的聴覚で試唱や試奏する姿を追究している（『附属横浜中』2016）。それにより，子供の音感を育成し，音や音楽を繊細に知覚・感受する感性を養いながら演奏表現の技能の向上を図っている。

2　音楽科の「カリキュラム・デザイン」における工夫点

（1）音楽との出会いを大切にする

　学習の課題を提示する際，最初から音楽理論など専門的な内容を説明することは避け，まずは音楽の楽しさと魅力を伝えている。そのためには題材や学習活動を紹介する際のプレゼンテーションに気を配りたい。具体的には，対話的な進行の中で題材の魅力や背景を効果的に解説するとともに，音楽の聴き所を取り上げて実演したり部分的な聴取をしたりして，聴き取ったり，感じ取ったりした内容を知識と結びつけながら，徐々に授業の核心へと近付けていくように工夫する。その際，子供の感性を刺激するようなアプローチをする。また，授業前の雰囲気づくりも大切にしたい。子供が音楽室へ入ってきた時には教材をBGMとして演奏したり，音源で流しておいたりすることも効果的である。このように音楽との出会いを工夫することで，題材への興味が高まり，「音楽的な見方・考え方」が

80　┃┃┃┃新しい時代に必要となる資質・能力の育成　Ⅲ

素直に働くと考える。

（2）音楽を聴く機会を積み重ねる

　毎時の聴取活動（『附属横浜中』2017）は，子供が音楽に触れる機会を提供するだけではなく，音楽の美しさや多様性を体験的に知る場として大切にしている。その際，特に〔共通事項〕の内容に言及し，音楽を形づくっている要素や要素同士の関連を知覚し，それらの働きが生み出す特質や雰囲気を感受しやすいように，焦点化して聴取させる工夫をする。例えば強弱を意識できない子供には，強弱の変化が表れるフレーズを部分的に聴取させる。また，音色の変化がわからない子供には，音色が変わる前のフレーズと，変わった後のフレーズを取り出して聴き比べをさせる。その積み重ねによって，子供の聴く耳が育ち，音楽表現を〔共通事項〕と関連付けて実感して捉えられるようになる。

（3）聴く力を鑑賞と表現へつなぎ，創作にひらく

　（1）（2）の取組を内的聴覚を生かしながら継続的に行うことによって，子供の体の中に音感や音に対する感性が育成され，曲想表現を〔共通事項〕の内容と関連付けながら捉えられる力が身についてくる。それによって，鑑賞活動では多様な音楽表現のよさを，適切な用語を用いながら語ることができるようになり，また，表現活動においては，子供たちの表現したい音楽を，内的聴覚でイメージするようになる。今年度は，さらに，このようにして培った資質・能力を，子供たちがイメージする音や音楽の実現に向けてひらきたいと考え，創作活動に取り組む。子供たちが内的聴覚でイメージした旋律を，記譜や演奏で具現化することがねらいである。

3　実践の成果と今後への課題

　3年間にわたる資質・能力の育成への試みを通して，今年度の3年生のこれまでの指導を振り返ると，音楽的に捉えたことを自分の言葉で表現できるようになったり，音楽に対する内的なイメージの質が高まり，歌唱や器楽演奏の技能が上達したことが成果として挙げられる。その一方で，複雑なハーモニーや高音の発声などの課題において完成のイメージはあるものの，技術面で行き詰まったり，自分たちの合唱を録音で振り返る場面では，実際の音楽との違いに愕然として落ち込んだりする姿も見受けられた。しかし，この状況は新たな課題を見いだし，技能向上への契機ともなる。

　これまでの指導を通して，子供たちが多くの表現の工夫を試みるようになったことは評価すべきことだが，例えば「音程」が指摘されると，それだけに執着して他の視点に目が向かなくなったり，創意工夫が個性的になりすぎたりする場面があった。そのような子供たちのパフォーマンスに教師がどう寄り添うかは大きな課題である。子供たちの主体性をできるだけ生かし，それを実際の活動につなげていくための「教育的瞬間」を適切に捉え，そこにどのようなアドバイスをするかは今後も課題としていきたい。同時にカリキュラムづくりにおいては，子供たちが表現したい音楽を実現させるために主体的に知識・技能を求め，それらが生きて働くよう工夫していきたい。

音楽科　||||　81

●第2部／「花 VS 帰れソレントへ」・3年生

音楽科実践例①

1 単元で育成したい音楽科の資質・能力
〔目指す生徒の学ぶ姿〕

曲にふさわしい音楽表現を創意工夫する力
〔歌詞や曲想から文化的な背景を感じ取り，歌唱表現を追究する姿〕

2 単元について

1次（2時間）では，「花」（武島羽衣作詞・滝廉太郎作曲）を，情景を思い浮かべながら言葉を大切にして歌うこと，2次（2時間）では，「帰れソレントへ」（G・B・デクルティス作詞/E・デ クルティス作曲/芙龍明子訳）を，曲想を生かして表情豊かに歌うことを学習目標として授業を行った。

3次（本実践編・4時間）では，はじめに2つの教材を鑑賞の側面から捉え，両曲の様々な歌唱・合唱を CD や DVD で聴きながら，曲や演奏について評価することを課題とした。その後，2曲を比較することで見えてくる文化的な背景の違いを視点として歌唱表現を創意工夫させることで，新たな音楽の魅力にふれさせたい。

3 単元の学びを支える指導事項
（◎特に身に付けたい指導事項，・機能的習熟を目指す既習事項）

◎歌唱表現に関わる知識や技能を得たり生かしたりしながら，曲にふさわしい歌唱表現を創意工夫すること。（表現（1）ア）

◎曲想と音楽の構造や歌詞の内容及び曲の背景との関わりを理解すること。（表現（1）イ（ア））

・音楽を形づくっている要素及びそれらに関わる用語や記号などについて，音楽における働きと関わらせて理解すること。（共通（1）イ）

4 単元構想で意識した「つなぐ・ひらく」

（1）「花」の歌詞の理解に，国語で学んだ詩の解釈を生かす

1次・3次において，言葉の響きへの着眼や，表現の味わい方を通して，歌詞の魅力を探らせる。

（2）身の回りの生活文化や，他教科の学習で学んだ知識と関連させる

文化的な背景を理解する際に，料理や服飾，宗教，美術，社会科で学んだ歴史の知識等と関連付けて理解させる。

（3）鑑賞と表現をつなぐ指導

鑑賞での気付きを歌唱表現に生かす指導を行うことで，〔共通事項〕の理解をより生きて働くものとする。

5 授業の実際

子供は各曲に対して，「日本の歌は落ち着いている」，「カンツオーネは情熱的」など感覚的なイメージを持っていた。3次では，その根拠は何かという問いを重視した。音楽に喚起されたイメージや感情について根拠を求めることは，音楽の解釈や表現と言語をつなげる思考力を養い，音楽的な見方・考え方を働かせることに子供たちを導くと考える。

各グループでの議論も，最初のうちは音楽を感性から捉えた話し合いが行われた。しかし，様々なテイクでの演奏を鑑賞していくうちに，生徒たちは楽譜から読み取れる根拠を探し始めた。

「花」の歌詞の解釈においては，考え抜かれた美しい言葉が音楽と調和し，情景の美しさを「眺めを何にたとうべき」と評している様や，その情景描写が内的な高揚感と重なる点に気付くなど，国語の詩の学習で身に付けた力を発揮していた。

「帰れソレントへ」は原語（ナポリ方言）レベルでの理解は難しいものの，子供たちは2次で学んだ長調と短調の対比から捉える視点を働かせて，歌詞の内容が表している場面と感情の関連性を理解した。また，様々なテイクを利用した聴取活動からの気付きを生かして，グループでの歌唱表現につなげていこうとした。例えば，顔の表情や声の音量・音色の変化と感情表出が密接に関わっていることに気付き，それらがイタリア的歌唱表現を特徴付けていることへ思考を発展させていった。

本単元で，文化的な背景を意識した2曲の比較学習をしたことで，両曲に同じ音楽記号が使われていても，それぞれの曲で表現方法が異なるという視点を持つことができた。例えば，両曲の最後に共通して現れるフェルマータについて，教師がその違いをどう表現するのか，という問いを立てた。すると「花」では，日本人の美意識を考えた上で，クレシェンドのコントロールをしながら頂点に向かうように歌おうとした。また，「帰れソレントへ」では，イタリアらしさを想像しながら，どれだけのばしてカッコよく歌えるかに挑戦する生徒の姿が印象的だった。さらに，「帰れソレントへ」では，「せつなさ」「嘆き」「情熱」といった感情を表す言葉に注目しながら，「叫ぶように歌うか否か」など，興味深い意見交換があった。

このようなグループの活動を通して，創意工夫しながら曲想表現や技能を探究していくプロセスを生徒たちに経験させることができたことは，本単元の大きな収穫であった。

ミニ発表会では，全てのグループに文化的な背景を意識して歌唱表現を創意工夫しようとする姿が見られた。曲にふさわしい表現が実現できたグループがあった一方で，グループが設定した目標とその解決の方策が結び付かず，pの表現が響かなかったり，fの表現が乱暴になったりと，歌唱技能の点で課題が残ったグループもあった。

・音楽での話し合いは伝えきれないことが多いため，言葉ではなく実際に歌ってみることが大切。微妙な感じまで耳で聴くことができる。
・頭の中でイメージしていた音楽に近いものが歌えた。どこで強弱をつけるかもそうだが，声色の変化をさせるところも頭の中で想像していたことができたと思う。全体で合わせることに関しては，話し合いが長くなってしまって，細かく直していくことができなくて残念だった。

これは子供たちの振り返りの記述の一部であるが，内的聴覚をする習慣が身に付き，その質が向上していることがうかがえる。今後は，子供たちが表現したい音楽を実現させるために，生きて働く知識や技能を習得させる工夫を研究していきたい。

その他の子供たちの振り返りの記述には，以下のようなものがあった。

・歌のメッセージは同じでも伝え方伝わり方は歌い手の意識の違いで変わるという成果が身をもって感じられた。
・日本の文化と歌い方をどうつなげて表現していくか考えるのがとても楽しかった。曲の背景を歌にのせて歌ったり，それを実際に聴いたりすることで，表現方法を新たに見つけられた。

本実践のねらいとした，鑑賞と表現をつなぐ学習の成果や，文化的な背景を関連付けた指導の成果がうかがえる記述である。

（平石　孝太）

[資料]　資質・能力育成のプロセス（8時間扱い）

次	時	評価規準 ※（　）内はAの状況を実現していると 判断する際のキーワードや具体的な姿の例	【　】内は評価方法 及び Cの生徒への手だて
3	5	知　音楽の特徴とその背景となる文化や歴史を視点として話している。（○） 関　音楽の解釈や表現を言語化しようとしている。（○）	【発言の確認】 C：聴取した音や音楽への感想を，背景となる文化や歴史と関連付けて考えるように促す。 【発言の確認】 C：音楽から喚起されたイメージや感情のもとになった部分を探らせる。 　聴取した音や音楽への感想を引き出し,自分の言葉で表現できるよう支援をする。
	6 ― 7	技　歌詞の内容や曲想にふさわしい音楽表現で歌っている。（○） 創　思いや意図を持ち，創意工夫して音楽表現をしている。（○）	【行動の観察】 C：各グループの演奏状況に応じてアドバイスをする。 【行動の観察】 C：グループで共通理解していることを確認させる。聴取活動から気付いたことを表現の工夫に取り入れるように促す。
	8	技　歌詞の内容や曲想にふさわしい音楽表現で歌っている。（◎） （A:楽譜から読み取った内容を正しい歌唱法で表現している。） 創　思いや意図を持ち，創意工夫して音楽表現をしている。（◎）（A:楽譜から喚起されるイメージや感情と曲想の関連を手立てに創意工夫した表現をしている。） 関　文化的な背景と音楽表現のつながりについて考えようとしている。（◎） （A:文化的な背景と音楽表現のつながりについて，根拠を明確に説明している。）	【歌唱の分析】 C：歌唱表現の実態に応じて、各グループにアドバイスをする。 【ワークシートの記述の分析】 C：既習事項を振り返りながら，曲想を支えにした表現方法の違いについて考えさせる。 C：文化的な背景を考えて表現することのよさに気付いている生徒の記述を紹介する。

84 ‖‖‖ 新しい時代に必要となる資質・能力の育成　Ⅲ

○は主に「指導に生かすための評価」，◎は主に「記録するための評価」

主たる学習活動	指導上の留意点	時
・「花」と「帰れソレントへ」を歌唱する。 ・日本の食べ物とイタリアの食べ物の具体例を挙げながら，素材や調理方法や味付け等の違いについて気付いたことを自由に発言させる。 ・課題を提示する。 【課題】 両曲が持つ文化的な背景を感じ取り、それを生かした歌唱表現を創意工夫しよう！ ・「花」と「帰れソレントへ」の様々なテイクを聴取しながら，各曲の背景にある文化について気付いたことをメモし，それをもとに意見を全体化する。 ・次時から「花」を歌うグループと，「帰れソレントへ」を歌うグループに分かれて活動することを予告する。	・1次や2次で学習した内容（歌詞,旋律,曲想,楽曲の誕生,国,時代,作詞者・作曲者など）を復習しながら歌唱する。 ・料理をはじめとした文化は，その国の風土や国民性が背景に大きく影響していることに気付かせる。その際，音楽の発展も同様であることに思考をつなげる。 ○「花」・下垣真希（Sop/Pf/Fl/Harp） 　・すみだ少年少女合唱団　他 ○「帰れソレントへ」 　・ルチアーノ・パヴァロッティ 　・ロベルト・ムーロロ（ギター弾き語り）他 ・「歌詞」「旋律の動き」「強弱」「歌唱法」等を視点として聴取するように促す。1次と2次の学習と，聴取活動や「音楽を形づくっている要素」を楽譜から読み取ることを手立てに,楽曲から喚起されたイメージの根拠を探らせる。 ・音楽の解釈や表現を自分の言葉とつなげるように促す。 ・探究したい曲を選ばせ,クラスを3〜4つのグループに分ける。	5
・「花」を歌うグループと，「帰れソレントへ」を歌うグループに分かれて，ミニ発表会での表現の構想をまとめる。 ・表現するために必要な技能を高める練習をする。 ・両曲の最後に現れるフェルマータを,どのように歌唱表現するかを考える。 ・練習しながら気付いたことはメモをする。	・音楽的な特徴，要素の働きが生み出す雰囲気や曲想の変化を捉えさせ，それを根拠として，前時に共有した「文化的な背景」を意識させながら,自分たちなりの表現を考えさせる。 ・音楽表現に対する思いや意図を歌で表すための技能に，必要感を持たせて練習させる。 ・前時の聴取活動と関連させながら，各曲が持つ高揚感の表現方法の違いに気付かせる。 ・各自の思考や気付きを，記録のためのメモであることを意識づける。	6 — 7
・ミニ発表会を行う。 「花」と「帰れソレントへ」のグループで，それぞれの曲を発表する。表現したい内容と，「文化的な背景」の視点からの解釈をプレゼンしてから歌う。 ・友達の演奏を，プレゼン内容を踏まえて聴き，メッセージカードに評価を記入する。 ・単元での学びを振り返る。	・目指す演奏をキャッチコピーにまとめたものをスクリーンに投影させて，歌い手たちが持つ曲のイメージを聴き手に知らせながら実演する。 ・メッセージカードを通して意見交換しながら，実演の出来映えを考察する。 ・文化的背景を意識しながら音楽を捉えることの意義について，気付いたことをまとめるように促す。	8

音楽科 実践例 ||||| 85

第2部 | 各教科の実践

美術科

実践例①

1　美術科で育成する資質・能力と実現したい生徒の学ぶ姿

『附属横浜中』（2017）では，美術科での学びの構造をティナ・シーリグ（2012）が考案するモデル「イノベーション・エンジン」を用いて示した。イノベーション・エンジンは，内部と外部にそれぞれ三つの要素が循環的・往還的に働き合うことでクリエイティビティを高めていく。その内部を構成する三つの要素「知識」「想像力」「姿勢」は，『新解説』で整理された育成を目指す資質・能力の三つの柱「知識及び技能」「思考力・判断力・表現力等」「学びに向かう力，人間性等」に

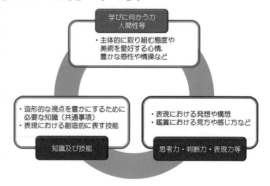

図1　教科において育成すべき資質・能力と美術科の目標との関係

通じるものである。この三つの柱と美術科の目標の関係を図式化すると図1のようになる。

さらに『新解説』では，授業改善の視点として「主体的・対話的で深い学び」をあげている。生徒の表現や鑑賞の活動において重要なのは，「造形的な見方・考え方が働いてその結論に至ったのか」ということである。対象を上手に描けていても，すらすらと批評することができていても，また，びっしりとワークシートに鑑賞を書き記すことができていても，そこに造形的な見方・考え方が働いていなければ，深い学びとなっていないこともあり得る。つまり，深い学びが実現できている状態とは，造形的な見方・考え方が働いている状態であり，その姿こそが美術科で実現したい生徒の学ぶ姿だと考える。

2　美術科の「カリキュラム・デザイン」における工夫点

（1）心理的没頭を生み出す題材設定

『附属横浜中』（2017）では，質の高い学びには，生徒の心理的没頭（エンゲージメント状態／熱中する，のめり込む，興奮する等）を欠くことができないとした。授業に没頭している生徒にとっては，発想の糸口が見つからないことも，なかなか主題が生み出せないことも，すべてが楽しい学びなのである。つまり，主体的な学びの本質は没頭にあると言える。そうした状態を生み出すために，生徒が探究の必然性を見いだせるよう，表現や鑑賞の活動を通して自己実現を果たす過程において，生活とつながる題材や，社会へのひろがりを意識した探究的な問いを設定することが必要である。

（2）〔共通事項〕を適切に位置付けた授業デザイン

『新解説』では，各領域の指導を通して知識の側面からも造形的な視点を豊かにしていくことをねらい，〔共通事項〕として必要な知識を取り出している。

水野（2014）は，知識を学ぶことの重要性から次のように提案している。「ものの見方

が増えていくことで，センスのよさが養われていきます。（中略）『知識を学んで今に生かす』という意味では，美術はほかのものとなんの変わりもない学問であり，誰でも学ぶことで成長できるものだと思うのです。」この考えは，奥村（2015）の示す「ひらめきも論理だということ」に通じるものである。こうした考えからも各題材において〔共通事項〕を明確に位置付けることで，生徒が造形的な視点を自覚的に働かせ，今まで気付かずに通り過ぎてしまっていた身近な生活に潜むよさや美しさなどの価値を感じ取ることができるようになり，その結果として，美術が日常とつながっていくのである。

（3）教育的な評価と計画カリキュラムの更新

鹿毛（2007）は，「子どもを見つめながら実践を構想するこのような過程に埋め込まれたごく日常的な営みこそが『評価』である」として，教育実践を創造する過程は教師自身の学びの過程でもあると述べている。こうした日常的な授業での生徒の心の働きを見取るためのツールとして，筆者は思考ボードを考案した。思考ボードで生徒の心の働きを可視化することで，一見没頭して制作しているが，描く・つくる作業になっている生徒や，無自覚のまま造形的な視点を働かせている生徒を掘り起こすことができる。これにより，戸惑いの見られる生徒への手立てを講じたり，各クラスの学びの深まりの状況に応じて，授業プランを更新したりすることが容易になる。その結果，個々の深い学びを導き出すことができる。（思考ボードの詳細は『美術教育』9月号，pp.44-49に掲載）

3　実践の成果とこれからの課題

題材において一度イノベーション・エンジンが回り出した生徒は，自己との対話を繰り返すことで主題を深めたり，その主題を具現化するために試行錯誤を重ねたりと，その様子や思考ボードの振り返りなどから，活動に没頭する状態が維持できていることがわかる。しかし，美術に苦手意識を持っている生徒は，そのサイクルが上手く回り出せないこともある。堀江（2013）は，「心の中に『好き』の感情が芽生えてくる前には，必ず『没頭』という忘我がある。」と述べている。このことから，「造形的な見方・考え方を働かせ自己実現する過程に没頭したから，美術が好きになる。」そうした授業を行うことで，後者の主体的に学ぶ姿勢をつくることができると考える。美術は苦手だからと主体的に学ぶ気持ちになれない生徒は，描く・つくることが授業の目当てになっていることが多い。だから上手に表現できないと美術が嫌になってしまうのである。しかし，美術教育の目的は，主題をもつこと，形や色彩を楽しむこと，生活に生かすこと，美術文化に触れ創造することなど多岐にわたる。そうした教師の願いを生徒が感じ取れるよう，カリキュラム・デザインを工夫し，表現及び鑑賞の幅広い活動を通してそれらに出会わせることが，これからの社会にひらいていくことであると考える。

●参考・引用文献

1）ティナ・シーリグ（2012）『未来を発明するためにいまできること』，阪急コミュニケーションズ．
2）水野学（2014）『センスは知識からはじまる』，朝日新聞出版，pp.33-34.
3）奥村高明（2015）『エグゼクティブは美術館に集う』，光村図書，p.50.
4）鹿毛雅治（2007）『子どもの姿に学ぶ教師』，教育出版，p.81.
5）堀江貴文（2013）『ゼロ』ダイヤモンド社，p.128.

●第2部／「ようこそ Fy デザイン事務所へ —ログマークをデザインしよう—」・2年生

美術科実践例①

1 題材で育成したい美術科の資質・能力〔目指す生徒の学ぶ姿〕

伝える相手や内容，社会との関わりなどを基に，客観的な視点に立って主題を生み出し，洗練された美しさ，創造的な構成を独創的・総合的に考えながら，発想し構想を練る力〔既習の知識と結びつけながら，造形的な視点を基に作品を客観的に捉え，試行錯誤しながら創造しようとしている姿〕

2 題材について

本実践は，生活や社会と文化は密接に関わっており，生活の中の美術の働きを理解することが，美術文化の実感的な理解につながるという考えを基に，改訂の趣旨に示された美術科の課題に迫るものである。また，本題材を通して，ログマークの形や色彩が世の中の人々の感情にもたらす効果や，店舗のイメージや価値観をどの様に反映しているのかなど，造形的な見方・考え方を働かせて，題材で育成したい資質・能力を育むこともねらいである。

3 単元の学びを支える指導事項

・伝えたい内容を多くの人々に伝えるために，形や色彩などの効果を生かして分かりやすさや美しさなどを考え，表現の構想を練ること。〔A表現（2）イ〕
・自分の表現意図に合うよう，見通しをもって創造的に表現すること。〔A表現（3）アイ〕
・身近な環境の中に見られる造形的な美しさなどを感じ取り，生活を美しく豊かにする美術の働きについて理解すること。〔B鑑賞（1）イ〕
・〔共通事項〕アイ

4 題材構想で意識した「つなぐ・ひらく」

（1）実感を伴う題材設定で社会にひらく

生活や社会の中の形や色彩などの造形の要素に着目し，一人一人の生徒が自分との関わりの中で美術を捉え，主体的に取り組めるよう，商店街の店舗のログマークの制作を探究課題とした。

（2）指導事項を通して学びをつなぐ

造形的な視点で生活や社会を見つめることができるよう，指導事項が同じである1年次の題材「いざなう色・形 〜ピクトグラムを改良せよ〜」とつながりをもたせることで，育成すべき資質・能力が高められるよう指導計画を作成した。

（3）〔共通事項〕を通して生活とつなぐ

ログマークの必要価値や優れたログマークの条件などを探ることで，知識の側面から造形的な見方・考え方を深める。

（4）表現と鑑賞をつなぐ

多くの人々にログマークが伝わるためには，表現と鑑賞を関連付ける客観的な視点を持たせたいと考え，同じ店舗を担当する生徒同士でデザイン会議を開いたり，他の店舗のデザインを批評したりする活動を行う。

（5）前時の学びを思考ボードでつなぐ

思考ボードに貼られた生徒の心のはたらきを俯瞰し分析することで，授業プランを見直し次の授業の構想を練る。

5 授業の実際

本題材は，弘明寺商店街にある12の店舗に協力を依頼し，デザインを担当する生徒にお店のモットーやログマークに取り入れて欲しい条件などを提示していただいた。

導入では，アディダスやアップルコンピューター，スターバックス等のログマークの変

遷などから問いを立て，気付きを共有した。その後の生徒の振り返り（図1）では，知識を学ぶことで，造形的な視点が深まったことが伺える。

図1　導入後の振り返り

図3　ジェスチャーで表している生徒とピクトグラム

図2は，アイデアスケッチを生徒同士で批評し合う活動の振り返りである。そこでは，単純化することは優れたロゴマークの条件でもあるが，逆に伝わりにくくなってしまっていることから，概念が伝わるように単純化することの重要性に気付いた生徒がいることが分かる。

図2　批評会後の振り返り

そこで概念を共有することを実感させるために，教師の合図で一斉に「静かにしなさい！」という言葉からイメージするジェスチャーをさせてみた。すると，大半の生徒は口を結び，その口の前で人差し指を立てる動作をした（図3）。筆者は「これが概念を共有した瞬間である」と伝え，さらに多くの人々に伝えるためのデザインにおいては「概念を視覚化し単純化することが重要な要素である」と，既習のピクトグラム制作時の視点との重なりを確認した。

このように，日常的な生徒の心のはたらきを見取ることで，生徒の学びに寄り添いながら授業を改善していくことができる。

以下は呉服店『濱田屋』のデザインを手がけた生徒のアイデアスケッチと批評会後の振り返りの付箋，完成したロゴマークである。

（飯田　哲昭）

批評会後に，富士山や青海波など「和」のモチーフを取り入れることでデザインの幅を広げている。作品の説明では，学んだ知識が生かされたことが分かる。

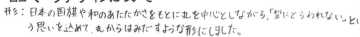

美術科 実践例　89

[資料]　資質・能力育成のプロセス（8時間扱い）

次	時	評価規準 ※（　）内はAの状況を実現していると 判断する際のキーワードや具体的な姿の例	【　】内は評価方法 及び Cの生徒への手だて
1	1〜2	関　造形的な視点から，共通点などを見つけ出そうとしている。（○） 鑑　企業のロゴマークの鑑賞を通して，問いに対する自分なりの考えをワークシートに記述している。（○◎） （A：造形的な視点などを基に，優れたロゴマークとは何かの論拠を明確にしている。）	【行動の観察】 C：既習のピクトグラムでの学びとのつながりを説明する。 【ワークシートの記述の分析】 C：他者が感じたこと，考えたことなどを想起させ，それらのメモを基に，制作上の要素や工夫を考えさせる。
		題材を通して考えたい探究的な問い 《事実に即した問い》 ○企業のロゴマークのデザインにはどのような工夫があるだろうか？ 　昨年度の題材「ピクトグラム」で学習したことなどを参考に考えてみよう。 《概念的な問い》 ○なぜロゴマークはつくられるのだろうか？ 　また、ロゴマークをつくる上で、重要な要素は何だと思いますか？ 《議論可能な問い》 ○ビジネスにおけるブランドイメージはどのような意図があるのだろうか？ 　ロゴマークの形や色彩が感情にもたらす効果などに触れながら考えてみよう。	
2	3〜7	関　学んだ知識を活用しながら発想や構想し，それを具現化しようとしている。（○） 発　学んだ知識を反映させ，表現の構想を練ることができる。（○◎） （A：学んだ知識を反映させ，客観的な視点でデザインが練られている。） 創　発想や構想したことを具現化することができる。（○◎） （A：造形的な見方・考え方を働かせ構想したことを客観的な視点で，より美しく・伝わりやすく工夫して表している。）	【行動の観察】 C：既習事項を確認することで，造形的な視点を意識させる。 【アイデアスケッチ及び作品の分析】 【思考ボードの確認】 C：デザイン会議や批評会での気付きを確認させ，感じたことを言葉や図など自分に合った方法でアイデアスケッチするよう促す。 【作品及び思考ボードの分析】【行動の観察】 C：例を示すなどしながら，単純化することや図と地色の関係など，既習の要素を確認させる。
3	8	鑑　《議論可能な問い》を学び合いながら，ものの見方や考え方を深め，問いに対する自分なりの考えを記述している。（◎） （A：ロゴマークの意味や必要性の論拠を明確にしながら，生活や社会における美術の役割と結びつけている。） 関　題材を通しての思考の変容を基に，自分の見方・考え方の癖や着想の視点などに気付こうとしている。（◎） （A：分析的な振り返りをし，題材を通しての思考の変容などを捉え，意味づけ，今後の課題を記述している。）	【ワークシートの記述の分析】 C：ロゴマークを依頼する企業のねらいや戦略を考えさせることで，生活や社会における美術の働きに目を向けさせる。 【思考ボードのまとめの分析】 C：思考ボードに貼った付箋を項目ごとに整理させ，そこからの気付きを書き出させる。また，題材での学びを振り返らせ，造形的な視点で気付いたことはないかなどを考えさせる。

〇は主に「指導に生かすための評価」，◎は主に「記録するための評価」

主たる学習活動	指導上の留意点	時
・本題材を通して考える問いを提示する。 《事実に即した問い》を考える。 ・ロゴマークを比較し，〔共通事項〕の視点などから気付いたことを話し合う。 ※［amazon.com］［IBM］等のロゴを提示 ・知識としてロゴタイプ，シンボルマーク，ロゴマーク，サブエレメントの違いを理解する。 《概念的な問い》を考える。 ・ロゴマークの変遷などから，問いを立て優れたロゴマークの要素を導き出す。 ※提示したロゴ ［Apple］のロゴの変遷 1997年→1976年→1999年 ［Starbucks］のロゴの変遷 1971年→1987年→1992年→2011年 ［adidas］のロゴの変遷 1949年→1972年→1996年→2002年	・《事実に即した問い》《概念的な問い》《議論可能な問い》を説明し，本題材を通して考えてほしいことを伝える。 ・いろいろな企業のロゴマークを比較し共通点を探ることで，ロゴマークの意味や効果を考える。 ・既習のピクトグラムでの学びを視点に，形や色彩がもたらす効果などに気付かせる。 ※知識を学ぶために提示したロゴ ［Canon］ロゴタイプ ［NIKE］シンボルマーク ［NTT］ロゴマーク ［KENWOOD］サブエレメント ・導き出したい要素 ①シンプル　②妥当性　③印象的　④汎用性 ⑤普遍性 ・生活や社会における美術の働きに気付かせる。	1 ｜ 2
【課題】 依頼された店舗のロゴマークをデザインしよう。 ・依頼内容を確認したり，発想の幅を広げたりするためにデザイン会議を開く。 ・デザイン会議を受けて，アイデアスケッチを行う。 ・他店舗のデザインを担当する生徒との批評会を行う。 ・批評会後の振り返りから，伝えたいこと（店舗の理念やイメージ）を単純な図として表すための考え方を，既習のピクトグラムを使って再度確認する。 ・決定したデザインを清書し着色する。	・事前に各店舗から調査した，お店の理念やロゴマークへの要望を示した依頼書を配布する。 ・キーワードやキーイメージを基に，様々な視点で思考を拡散させる。 ・広がった思考を視覚化していく。描いた線や言葉は消さずに残しておく。付箋に描いて貼り溜めておくのもよい。 ・アイデアスケッチを机の上に残し，ワールドカフェ方式で移動して互いに批評し合う。その際，多くの人々に伝わるデザインであるか着目させる。 ・より端的な最小限必要な情報を整理して表すことを確認する。［概念→視覚化→単純化］ ・色彩のもたらすイメージだけでなく，既習のピクトグラムで学んだ「図と地色の関係」なども意識させる。	3 ｜ 7
《議論可能な問い》を考える。 ・制作過程や互いの作品鑑賞を通して感じたことを基に，班で学び合うことで，見方や考え方を共有する。 ・全体で考えるべき新たな問いが生まれたら，それをクラス全体で話し合う。 ※提示したロゴ 　［adidas］1972年オリジナルス・1996年スポーツパフォーマンス・2002年スポーツスタイル 題材で働いた思考を整理する。 ・毎時間振り返りをした付箋を基に，題材で働いた思考をワークシートに整理する。	・多くの人々に伝えるための造形的な視点をもちながら問いを考える。 ・企業がブランドイメージをつくるための必要性やそこでのロゴマークなどデザインの役割の重要性に気付かせることで，美術と生活や社会とのつながりを考えるきっかけとする。 ・貼りためた付箋を基に，題材での気付きや学び，自分の思考の変容などをまとめる。	8

美術科 実践例　91

|第2部|各教科の実践|

保健体育科

実践例①〜②

1 保健体育科で育成する資質・能力と実現したい生徒の学ぶ姿

　『新学習指導要領』では，保健体育科の目標は"体育や保健の見方・考え方を働かせ，「知識及び技能」，「思考力，判断力，表現力等」「学びに向かう力，人間性等」を育成することを目指すとともに，生涯にわたって心身の健康を保持増進し豊かなスポーツライフを実現することを目指す"と示されている。また，体育の見方・考え方については，生涯にわたる豊かなスポーツライフを実現する観点を踏まえ，「運動やスポーツを，その価値や特性に着目して，楽しさや喜びとともに体力の向上に果たす役割の観点から捉え，自己の適正等に応じた『する・みる・支える・知る』の多様な関わり方と関連付けること」，保健の見方・考え方については，疾病や傷害を防止するとともに，生活の質や生きがいを重視した健康に関する原則や概念に着目して捉え，疾病等のリスクの軽減や生活の質の向上，健康を支える環境づくりと関連付けること」と示されている。この見方・考え方を働かせるとともに，本校の研究（2015〜2017）のつながりを意識して，今年度の教科目標である『協働的な学習活動で得た学びを実生活につなげるカリキュラムの構想』の実現を目指して指導を行っている。

　本校では，教科・学級・行事などあらゆる場面で協働的な活動の場が取り入れられており，多様な他者との学び合いの中で，課題を見付け，試行錯誤しながら最適解を見いだす活動が浸透している。3年生になると自分たちから主体的・対話的に取り組み，深い学びにつながる取組ができている。保健体育科としては，全ての生徒が将来"いつでも　どこでも　誰とでも　いつまでも"心身ともに健康で豊かなスポーツライフを実現できる学びの姿を目指している。

2 保健体育科の「カリキュラム・デザイン」における工夫点

（1）協働的な学び合いの中で，活動に「没頭」できる授業デザイン

　本校では以前より，体育の活動班は学級の生活班（男女混合）をそのまま授業の班（チーム）として利用している。学校生活のあらゆる場面で活動を共にする仲間だからこそ，お互いの個性や特徴がわかり，安心感のある関係性（互恵性）の中で，運動の苦手な生徒も失敗することを怖がらずに取り組むことができ，意見も言いやすい環境になる。安心できる集団だからこそ一つ一つの活動に没頭できる環境がある。体育的活動を通して，さらに集団のつながりが深くなり，学級の人間関係の形成への相乗効果を期待することができる。

（2）教師と生徒をつなぎ，学びをつなぐ「学習ノート」の工夫

　学習ノートは，自己の学びを自覚したり，学びの変容を見取ったりするものである。また，授業中の発言が苦手な生徒たちにとっては，疑問に思ったことを直接指導者とやり取りをすることができるものであり，生徒一人一人の気付きやつぶやきに寄り添うことを可

能にする（『附属横浜中』（2017））。今年度はさらに，単元内でのつながりや単元を越えて他の単元や領域とのつながりを意識させ，活動に生かすことができるように工夫した。

3　実践の成果と今後への課題

　一昨年度の研究では，個と集団の往還関係の中で「知る・わかる」のレベルから「使える」レベルの「知識・技能」へ変化していく姿が多く見られ，学び合い・教え合い活動をより充実していくことが必要と感じた（『附属横浜中』（2016））。

　昨年度の研究「学びの自覚」（『附属横浜中』（2017））では，学習ノートの言葉やつぶやきから教師が教育的瞬間を見逃さず，どのように生徒一人一人に寄り添っていくか，ねらいとズレを感じたときにどう問い直していくかを意識した。生徒一人一人を見取り，どのようなアプローチをし，どのような問いをするかなど教師側の資質向上が常に求められていると実感した。

　今年度は，この二年間での研究の成果をどのようにつなげ，構成していくかがポイントとなった。何か新しいことに取り組むのではなく，今までの取組を振り返り，整理することから始めた。

　まず1年生では，「知ること・わかること」が重点になると考え，グループ活動を通して，基本の動きや技の習得などを個から集団につなげた。例えば，それぞれが動きを覚えるだけではなく，ポイントになる部分を互いに検証し，グループでアドバイスをし合う。そして，それをさらに動きにするということをカリキュラムの中で重視した。また，アドバイスの方法を複数提示し，授業の中で生徒が選択し，活用するように促した。このように互いが得た知識を，言語化，体現化することで，技能の向上につなげ，種目の特性を知ることにつながった。

　3年生では，自分の選択した単元において，これまでのあらゆる単元の中で構築した知識・技能，思考力・判断力・表現力の何が使えるのか，どのような工夫が必要なのかを考えさせるようにした。具体的には，既習内容（基本的知識や技能）を振り返ることから始め，グループの中で，それぞれの知識・技能，思考・判断を出し合い，最適な答えを見つけていく挑戦的な評価課題に取り組んだ。その活動を通して見えてきたものは，「つなぐ・つながる・つなげる」ということの重要性である。既習の学びをつなぎ，他者の学びとつながり，他単元や他領域，他教科とつなげる姿が，授業や学習ノートの中で「つぶやき，文字，体の動き」などとなって実現した。

　課題を挙げると，「ひらく」という点については，授業だけの学びに終わることなく，教科を越えて発揮したり，実社会・実生活に生かせたりできることだとしたら，すぐにひらくものもあれば，5年，10年，30年後に現れるものもある。そのためにも活動に没頭できることを大切にし，生徒一人一人の学びに寄り添うこと，その学びをつなぐことを意識したカリキュラム・デザインを今後も心がけていきたい。

●参考文献
梅澤秋久（2016）『体育における「学び合い」の理論と実践』，大修館書店

●第2部／「柔道」・1年生

保健体育科実践例①

1 単元で育成したい保健体育科の資質・能力〔目指す生徒の学ぶ姿〕

協働的な学習において，自他の課題を発見し，合理的な解決に向けて思考判断し，積極的に運動に取り組み，課題解決できる力〔知識及び技能を身に付けるための自己の課題に応じた解決方法を見つけ，仲間とともに課題解決し，柔道の楽しさや喜びを味わおうとする姿〕

2 単元について

本単元「柔道」は，技を身に付けたり，身に付けた技を用いて相手と攻防する楽しさや喜びを味わうことのできる運動である。また，中学校で初めて学習する内容であるため，基本となる技能の習得をめざし，それを用いて相手と攻防を展開することができるようにすることをねらいにしている。

本単元では，協働的な学習＝班活動を通して，技ができる楽しさや喜びを味わい，基本動作や基本となる技を知る→やってみる→検証する→技が「できるようになる」という流れの中で課題解決的に技能の習得を工夫させたい。また，柔道の授業に積極的に取り組み，伝統的な行動の仕方を守ることなどに意欲を持ち，健康や安全に気を配るとともに，礼法や伝統的な考え方などを理解して，課題に応じた運動の取り組みを工夫できるようにさせたい。

3 単元の学びを支える指導事項
（◎特に身に付けたい指導事項，・機能的習熟を目指す既習事項）

◎武道（柔道）の楽しさや喜びを味わうこと。
◎学習課題・自己の課題に応じた運動の取り組み方を工夫すること。
◎武道の特性や成り立ち，伝統的な考え方などを理解すること。
・技の名称や行い方が理解できること。
・基本動作や基本となる技ができること。

4 単元構想で意識した「つなぐ・ひらく」

（1）「探究」を通して「学びを連続させる「検証タイム」

班活動の中で，他者の動き（見本となる動き）と自己の動きを比較する「検証タイム」を通して，運動の特性を理解したり，技のポイントを習得したりすることで，自らの技能の向上につなげる。また，仲間と学習した技能を使った攻防を展開し，攻防の結果から内容をさらに向上させるために仲間と共に分析・解釈を行わせることで主体的に学習に取り組めるよう授業を進める。

（2）論理的な思考でつなぐ

仲間との協働的な学習を通して，個人で習得した基礎・基本的な技能について，動きの順序立てやポイントを互いに話し合わせたり，本来の動きを確認するために PC やパネルを利用したりすることで，より実践的な技能の習得を目指す。また，言語活動を通して，「なぜ」の疑問から「どうやったら」の推測を基に，論理的に記述したり，アドバイスを聞き取らせたりすることにより，論理的な言語活動を目指す。

（3）振り返りを他領域へつなぐ

「個」や「集団」の振り返りを行うことで，学習を通して身に付けた種目の特性や技能のポイント，アドバイスの仕方などが保健体育で学ぶ他の種目にどのように生かされるのかを考えさせ，他領域へとつなげる。

5 授業の実際

　生徒にとって，自分の意見を出しやすく解決しやすい環境は，日頃の教室の生活班であると考える。お互いの個性や特徴を理解しているからこそ，運動が苦手，体育に消極的になる生徒が，"質問しやすい環境"，運動が得意や運動が好きな生徒が"アドバイスをできる環境"をつくりあげ，共に活動しやすい環境を保ちながら学習に没頭しやすくした。このことによって，生徒が互いに学び合う姿勢の土台ができた。

　学習の流れでは，まず，視覚で得たままの"技"の体現化を行った。本単元では，学習の過程を，

①見本の形を視覚で得た情報のみで体現してみる。
②体現した内容に何が必要か，実技書やPC，仲間からのアドバイス等から情報を得る。
③②で得た情報でさらに体現してみる。

①～③の流れで活動を行ったことで，「受」「取」のそれぞれが必要だと感じた情報を交換することで，技のポイント確認や課題解決へとつなげた。

　次に，アドバイスの表現方法の工夫では，視覚で確認した情報を仲間にアドバイスをする時，「～をこうして」というのは，実際に技に取り組んでいる生徒は，技をかけることに夢中になり，その言葉をしっかりと認識するのが難しくなることが多い。これは，他の種目でも見られたので，柔道では，力を入れる部分や体の密着のポイントを「ギュッ」や「ピタッ」などオノマトペで表現することを行った。これにより生徒も「どのように」の部分を瞬時にオノマトペで表現し，ポイントとして活用する姿がみられた。

　そして，挑戦的な評価課題として，技の習得ができているかどうかを確認し完成に至るための学習として"検証タイム"を行った。資質・能力育成のプロセス1次から2次へと進む中で，"検証タイム"として，技のポイントや攻防の展開の中で特に注意して行う部分を個々で考え，班で共有し合う「知識・理論編」そして，それらを実際に実技の中で仲間と確認し合う「実践編」(図1)を通して，技能の習得と技の完成を目指した。これらを行うことで，技の習得で難しかった場面を互いに確認しあい技能の向上につなげた。また，上記を行ったことで，試合では仲間に対して，「脇をしめて」「体をもっと密着させて」や「受」に対しても「えびを使って抜け出して」「相手の道着をもって体をひねって」など，それぞれが学習で得た内容で的確なアドバイスをする生徒が増えた。

図1 検証タイム（実践編）

　振り返りでは，イメージマップを作成し，学習を通して生徒が共に試行錯誤し，アドバイスし合うことで，技能の習得はもちろんのこと，生徒が柔道の特性やこれからの生活につながることを認識した。また、単元後の振り返りとして，次のような内容があった。

・検証タイムでは，手本と比べて見られたことで，たくさんのアドバイスをすることができた。受の時は「この体勢だと逃げにくい，逃げやすい」など受だからできるアドバイスもできた。

（和田　真紀）

[資料]　資質・能力育成のプロセス（12時間扱い）

次	時	評価規準 ※（　）内はAの状況を実現していると 判断する際のキーワードや具体的な姿の例	【　】内は評価方法 及び Cの生徒への手だて
1	1―7	関　学習の進め方や準備運動の行い方，学習課題について理解しようとしている。（○）	【行動の観察・学習ノートの記述確認】 C：資料集などを用いて，特性，技能について確認させる。
		知　柔道の特性や成り立ちについて，学習した具体例を挙げている。（○）	
		関　相手を尊重し，伝統的な行動の仕方を守ろうとしている。（○）	【行動の観察】 C：礼法について，ホワイトボードや資料集を提示し，確認させる。
		思　技を身に付けるための運動の行い方のポイントを見つけている。（○◎） （A：的確に見つけることができる。）	【行動の観察・分析】 C：動画，資料集などでの動きの比較や技能チェックカードを活用して運動のポイントを確認させる。
		技　受け身や固め技など相手の動きに応じた基本動作と基本となる技を身に付けている。（○）	【行動の観察】 C：技術のポイントを再確認させたり，身体の使い方を動画で比較させたりする。
2	8―12	思　自己の課題に応じた，適切な練習方法を選んでいる。（○◎） （A：適切な練習方法で，練習ができる。）	【学習ノートの記述の分析】 C：具体的な課題を立てさせ，適切な練習方法を考えさせ，選択させる。
		関　互いに助け合い教え合おうとしている。（○）	【行動の観察・発言の確認】 C：資料集や動画などで動きの確認をし，アドバイスのポイントを確認させる。
		思　学習した安全上の留意点を他の練習場面に当てはめている。（○）	【行動の観察】 C：技術のポイントを再確認させたり，身体の使い方を動画で比較させたりする。
		知　柔道の伝統的な考え方について，理解したことを言ったり書き出したりしている。（○）	【行動の観察・発言の確認・学習ノートの記述の確認】 C：資料集などを用いて，特性，技能について確認させる。
		関　分担した役割を果たそうとしている。（○）	【行動の観察】 C：資料集等を参考にし，役割分担を再確認させる
		知　技の名称や行い方について，学習した例を挙げている。（○◎） （A：正確に説明し，活用している。）	【行動の観察・分析】 C：副教材を活用し，ことばと活動の状況を整理させまとめさせる。
		関　禁じ技を用いないなど健康・安全に留意している。（○）	【行動の観察】 C：禁じ技について，ホワイトボードや資料集を提示し，確認させる。
		関　柔道に積極的に取り組もうとしたり，相手を尊重し，伝統的な行動の仕方を守ろうとしたりしている。（○◎）（A：的確に行うことができる。）	【学習ノートの記述分析】 C：名称や行い方について資料集などを用いて振り返らせ，確認し活用させる。
		技　基本となる技を用いて攻防を展開することができる。（○◎） （A：攻防を展開することができる。）	【行動の観察・分析】 C：パネルや資料集などで，動きの確認をさせる。

○は主に「指導に生かすための評価」，◎は主に「記録するための評価」

主たる学習活動	指導上の留意点	時
礼法や安全に対する心得を理解し，基本動作を正しく身に付ける ・学習の見通しや進め方を知る。 　＊準備運動の行い方～身体を運動モードに切り替える（ランニング・体操・ストレッチ・補強運動） ・柔道の特性や技術の名称について確認する。 ・礼法・姿勢を知る。 ・基本的な技能練習を行う。 ＊足さばき（進退動作）　～継ぎ足・歩み足 ＊受け身　　　～後ろ受け身，横受け身 ＊固め技　　　～けさ固め，横四方固め，上四方固め 　相手が逃げられないようにするための固め技の習得	・学習の進め方，学習ノートの記入方法，準備運動の仕方などを確認し，理解させる。 ・副教材を活用し，視覚と合わせて動きを捉え，名称等が理解できるようにさせる。 ・ホワイトボードに動き方や助言，キーワードを視覚化し，動きと合わせて理解させ感覚をつかませる。 ・TPCを活用させ（動画撮影），自分の技能と見本の映像を比較し，仲間からのアドバイスから，必要なポイントを学習ノートに書き入れて具体的な課題に気付かせる。	1 ― 7
【課題】柔道の特性や動きを理解し，基本となる技を習得して，攻防を展開できるようにしよう。 ・課題解決に取り組む。（固め技，技から逃げるなど） 　＊グループ内で動き方のポイントを確認したり，アドバイスし合ったりする。 ・学習した内容や課題解決に向けた取り組みを学習ノートにまとめる。 　＊基本的技能の習得状況を確認する。 　＊課題解決し，さらに新たな課題を見つける。 　＊課題解決に取り組み，試合へ備える。 ・「グループ内での個人戦」 　＊固め技のみを使った攻防 　＊学習した技や課題解決した内容を使い試合展開をする。 ・「グループ対抗による団体戦」 　＊固め技のみを使った攻防 　＊グループ内で，作戦を立てる。 　＊礼儀作法を順序だてて行い，相手を敬う。 　＊学習した技を積極的に使って，試合展開する。 　＊仲間への助言をする。 ・学習を通して，自己やチームの成果や反省について振り返り，学習ノートにまとめる。	・グループ内で「取」「受」「確認をする」の順で技の仕組みを確認したり，仲間からのアドバイスを書き止めさせたりする。 ・副教材を活用したり，TPC（動画撮影）を活用したりして，比較しながら課題を解決させる。 ・仲間からのアドバイスや学習した技術の名称等，行い方について具体例を挙げながら記入させる。 ・TPCを活用させ（動画撮影），以前の状態と比較させ，課題を見つけさせる。 ・簡単な試合形式からわかった自己の課題について，副教材を活用したり，仲間からのアドバイスを書き止めさせたりして，解決の手立てとさせる。 ・試合での礼儀作法，禁止技について，再度確認させる。 ・仲間と賞賛できる雰囲気をつくる。	8 ― 12

保健体育科 実践例 97

●第2部／「武道（柔道）」・3年生

保健体育科実践例②

1 単元で育成したい保健体育科の資質・能力〔目指す生徒の学ぶ姿〕

　運動についての自他の課題を発見し，協働的な学び合いの中で，構築させた知識・技能，思考・判断をつなぎ合い，解決していく力〔知識・技能，思考・判断などをお互いに出し合い，納得解を導き出し，表現していく姿。また，日本古来の礼法や所作を学び，相手を敬い，尊重する態度を身に付け，実生活につなげて行動できる姿〕

2 単元について

　3学年では選択制の授業形態なので，柔道選択者は1・2学年で習得したことを用いて相手の動きの変化に対応した攻防ができることを目指し，さらに課題解決に向け工夫して合理的に活動できるようにしたい。

　指導に当たっては，柔道を行う上での安全面への約束事を確認し，整然とした雰囲気づくりを心がけ，協働的な学びの中で技や受け身が磨かれていく楽しさや喜びを味わい，相手の動きに合わせた攻防ができるようにさせたい。また，気付いたことを指摘し合える時間を確保し，デジタルカメラや実技書を用いて仲間へアドバイスをしたり，録画した動画像で自己の姿を見たりすることで意欲向上にもつなげたい。そして，健康や安全に確保するとともに礼法に代表される伝統的な考え方などを理解し，課題に応じた運動の取り組み方を工夫できるようにもさせたい。

3 単元の学びを支える指導事項
　（◎特に身に付けたい指導事項，・機能的習熟を目指す既習事項）

◎勝敗を競う楽しさや喜びを味わうこと
◎伝統的な考え方，技の名称や見取り稽古の

仕方，体力の高め方，運動観察の方法を理解すること
・相手を尊重し伝統的な行動の仕方を大切にすること（1年）
・基本動作や基本となる技を用いて簡易な攻防を展開すること（1・2年）

4 単元構想で意識した「つなぐ・ひらく」

（1）既習事項（他単元を含む）や他教科での学びをつなぐ

　まず，1・2学年で習得した知識・技能，思考・判断をつなぎ，より応用的な内容へと発展させる。他の単元，例えば器械運動（マット運動）で得た非日常的な動きの中で感じる感覚"ふわっと""ぐるっと"と柔道で感じる感覚が近いものであり，感覚としての関連を図る。また，協働的な学び合いの中に例えば国語で身に付けた「話し合い」「相手意識のある説明」の場面を多く取り入れ，他教科で得たスキルを発揮させる。

（2）学びのつながりを促す工夫

　単元全体の目標（めあて）の実現に向け，毎時間学習ノートなどを使い，「見通し」「振り返り」活動を行う。

　授業の始まりに学習ノートへ本時の自己課題について記入し，終わりには取組や課題に対して振り返る時間を確保する。記入の際には，具体的に記入することで今までの学習過程を把握すること（メタ認知）ができ，個の知識や技能の積み重ねも確認できるので，よりよい習得へつなげることが可能である。また次時へ繋がる省察（リフレクション）を行うことで学びのつながりを促す。

（3）「つなぎ・ひらかれる」ための教師側の寄り添い方

　授業中や学習ノートでの良い気付きやつぶ

やき，こだわりを見せた瞬間（教育的瞬間）を逃さず，声をかけたり，コメントしたりするなど，子ども一人一人にあらゆる場面で寄り添った指導を行う。教育的瞬間を逃さないために活動場所の位置，教師側の立ち位置なども工夫する。

5　授業の実際

3年生は，1・2年生で積み上げてきた学びを誘発できる環境づくり（『附属横浜中』(2016)）を心がけて，活動を行っている。お互いを認め合い，許し合い，学び合える，いわゆる「互恵性」の関係を築き，誰とでも学び合え，失敗することが許され，お互いに励まし合う雰囲気の中で授業に取り組むことができている。

まず「学び」をつなげるために，1・2年生で習得した知識・技能，思考・判断を復習することから始めた。既習事項の確認として，立ち技・固め技の復習，投げ技からの受け身の確認を行い，その後応用技・連続技の習得を図った。デジカメで撮影した動画や柔道家の動画をTPCやプロジェクターで投影し確認しながら進めた（**図1**）。またグループで常に活動している為，個と集団の学びの往還関係の中で他者の学びを知ることにより，より個の学びのつながりを深めることができた（**図2**）。

例えば「挑戦的な評価課題」として「相手の動きに合わせて次の動きを展開する」という課題を設定した。①「『体落とし』をかけようとしたら，かわされた」という状況でどのようにその後展開していくのか。②「技（立ち技）をかけられた時，どのように対応して技をかけていくか」という多様な展開を想定できる「問い」を立てた。

①に関しては技が限定されているため，どのようにもう一度体をさばき，崩していくかを検討して表現できた。②に関しては，録画してある試合の動画を分析し，自分たちで多くの立ち技の中から，頻繁に出てくる，または出やすい技から判断して展開していた。その活動では，1～3年生の知識・技能，思考・判断の「つながり」が「言葉（対話）」として，「つぶやき（個）」として，「技能」として表現されていた（**図3・4**）。そして，そのことは学習ノートの記述からも見てとれ，「発言」や「体」の動き，振り返りの「文字」として学びがつながっていることがわかった。またその学びから得たものを日常生活に生かしていきたいと感じている生徒も多くいることが学習ノートで確認でき，「学び」がひらかれていく様子が見えた。

図1　　　　図2

図3　　　　図4

●参考文献

梅澤秋久（2016）『体育における「学び合い」の理論と実践』，大修館書店

（中山　淳一朗）

[資料]　資質・能力育成のプロセス（11時間扱い）

次	時	評価規準 ※（　）内はAの状況を実現していると 判断する際のキーワードや具体的な姿の例	【　】内は評価方法 及び Cの生徒への手だて
1	1 │ 3	知　柔道の特性や伝統的な考え方，学習する意義を理解している。（○） 関　協働的な活動に主体的に取り組み，仲間の学習を援助したりしようとしている。（○） 関　安全に留意して取り組むとともに伝統的な行動の仕方を守ろうとしている。（○） 技知　崩し，体さばきを意識して技に入ることができる。（○） 技　基本となる投げ技を身に付けて，相手を投げたり，受け身を取れたりできる。（○）	【学習ノートの記述の確認】 Ｃ：実技書などを用いて技術や特性，これからの見通しについて確認させる。 【行動・発言の確認】 Ｃ：つまずきなどに耳を傾け，資料集や仲間の動きなどから再確認する。 【行動の確認】 Ｃ：技のポイントを確認し，練習方法を理解させる。 【行動の確認，分析】 Ｃ：受け身のポイントを確認させる。 【行動の確認】 Ｃ：技に対して相手と組む時の崩しや体さばき，受け身を確認させる。
2	4 │ 10	思　課題に応じた練習方法を選んでいる。（○◎） （Ａ：自他の課題を指摘し合い，練習方法を選んでいる。） 技　基本的な技，得意技，連絡技を用いて，相手を投げたり，抑えたりするなどの攻防ができる。（○◎） （Ａ：相手の動きに対応して，相手を崩し，投げたり抑えたりするなどの攻防ができる。） 関　分担した役割を果たそうとしている。（○） 知　技の名称や試合の行い方について，学習した具体例を挙げてまとめている。（○◎） （Ａ：学習した内容が具体的に挙げられ，自分の考えも挙げられている。）	【行動の確認，分析】 Ｃ：取や受，技に対して崩し方や体さばきを整理し，再確認する。 【行動の確認，分析】 Ｃ：技のポイントを確認し，どの部位を見ればいいか確認させる。 【行動の確認】 Ｃ：試合進行や審判方法を確認させる。 【学習ノートの記述の分析】 Ｃ：授業の取り組みや仲間との関わりも思い出させながら記入させる。
3	11	関　自己や班活動での取り組み，体育の見方・考え方を生かして学びについて振り返ることができる。（○◎） （Ａ：課題に対して，習得した知識や技能，アドバイスを生かした取組がみられる。）	【行動の確認・学習ノートの記述分析】 Ｃ：今までを振り返り，自己の変容や理解できたことなどを具体的に確認させる。

○は主に「指導に生かすための評価」，◎は主に「記録するための評価」

主たる学習活動	指導上の留意点	時
〜1・2年次の既習事項を動作確認しながら復習する〜 ①個の確認 ・学習の見通しや進め方を知る。 ・礼法や受け身の確認をする。 ②集団での確認 ※複数でアドバイスしながら準備運動，確認を行う。 （体操，ゆりかご，後ろ受け身，横受け身，前転，わき締め，えび，前回り受け身など） ・身体動作，体さばき，崩しの練習 ・かかり練習（支えつり込み足，膝車，体落とし） ・技に対応した受け身の確認（落下の感覚を意識） ・技のポイントや課題，解決方法や理解できたことを振り返り，学習ノートに記述して残す。	・班での時間を確保し，仲間と比較させることで自己の現状を把握させ，仲間へのサポートや課題を助言させる。 ・安全面に留意しながら取り組ませる。 （服装・装飾品・髪爪・活動方向・間隔・畳の隙間・全員右組み） ・班でのアドバイスや実技書を用いて確認させる。 ・相手の動きに応じた技の入り方，返し方の確認。 ・ほめる言葉かけや本時のキーワード（学習ノートなどの振り返りから課題となる点を明確にした学びの視点）を連呼する。 ・体感したことも含めて，具体的に記入するよう補足する。	1 ︱ 3
・技を組み合わせた練習（グループ内で教え合い） 　　投げ技　→　投げ技　　投げ技　→　固め技 　※既習技のみ（けさ固め，横四方固め，上四方固め，支えつり込み足，膝車，体落とし）を使い，かかり練習⇒約束練習を行う。 ・グループで取，受，観察に分かれ，お互いに教え合いながら，課題解決活動を行う。 【課題】 相手の動きに合わせた次の動きの展開を考えよう 　①体落としをかけようとしたら相手にかわされた 　　　→どのように対応するか　など 　②技をかけられてからの展開について 　※グループであらゆることを想定しながら，今まで構築してきたものをつなぎ合わせて考えていく。 ・技のポイントや課題，解決方法や理解できたことを振り返り，学習ノートに記述して残す。 ・個人戦，団体戦を行う。 　①　試合時間2分間 　②　既習技のみ使用可 　③　一本，技ありのみ 　（固め技は10秒で技あり，15秒で一本とする） ・試合の運営を行う。（進行・審判・時間・記録など）	・投げ技の入り方から受け身までのポイントをデジカメを使用して視覚化することで，知識を積み重ねさせる。 ・実技書などを用いて確認させる。 ・かかり練習や約束練習を通して定着を図らせる。 ・班での時間を確保し，仲間へのサポートや課題などを助言させる。 ・健康・安全を確保させる。（相手の技能の程度や体力に合わせて力を加減したり，畳の状況や周囲との距離を考えたりする） ・体感したことも含めて，具体的に記入するよう補足する。 ・試合をスムーズに運営させる。 （自己の役割を果たすことを意識させる。）	4 ︱ 10
・学習を通じて，自己の成長や伝統的な行動の仕方について振り返り，学習ノートにまとめる。	・武道と日々の生活の中のかかわりについて共通する場面や今後の学習内容にも繋がっていることに気付かせる。	11

保健体育科 実践例 101

第2部｜各教科の実践

実践例①

技術・家庭科【技術分野】

1　技術・家庭科【技術分野】で育成する資質・能力と実現したい生徒の学ぶ姿

　『新解説』を踏まえると，技術分野では，これからの技術の発達を主体的に支え，技術革新を牽引できるよう，技術を評価し，選択，管理・運用，改良，応用することによってよりよい生活や持続可能な社会を構築できる力の育成が求められている。そのため，技術の授業の中では，生徒が主体的に技術に関わろうとする姿や技術の見方・考え方を働かせながら課題解決を行っていく姿を実現していく必要がある。

2　技術・家庭科【技術分野】の「カリキュラム・デザイン」における工夫点

（1）生徒たちにとって必然性のある題材構成を行う

　生徒が，生活や社会とのつながりを感じ，必然性が持てるような課題にしたい。そこで，日常生活や家庭，社会の中から生徒自身が技術を活用し解決できる課題を見つけ，その解決に取り組んでいくような題材構成が必要である。

（2）「見通す・振り返る」学習活動を充実させる

　設計・計画を立てさせる場面で，必要な作業や手順，利用できそうな知識・技能，課題解決で大切にするべき視点などを自分自身で考えさせ，課題解決に対する見通しを持たせることにより，主体的に学習に取り組めるようにする。

　学習の振り返りでは，「課題解決で意識した視点」や「知識・技能など振り返る視点」を設定したり，できるようになったことや悩んだ場面について向き合わせたりすることで，自身の成長や学びがより自覚でき，これからの意欲へとつなげられる。この振り返りが，生徒の今後の学習の見通しや教師の授業改善にもつながっていく。

（3）考えを広めるために，対話的な学習活動を行う

　考えを伝え合う場面では，自身の考えを支える根拠を伝えることや，安全，環境などの複数の視点を踏まえた話し合いの場を設定する。その結果，自らの考えを明確にしたり，学びを広げ深めながら学習を進めていったりすることができる。また，技術の見方・考え方に目を向けられるよう，既存の技術について調べさせ，設計者や開発者がどんなことを意識しながら技術と関わっているのかについて考えさせる。

3　実践の成果と今後への課題

　技術での学びが今後の人生にひらいていくためには，技術という教科の本質に根ざしたカリキュラムを作成していくことが大切であると改めて実感した。限られた時間の中でカリキュラムを作成していくためには，今後より一層，他教科の（「見方・考え方」も含めた）学びとも関連付けながら技術分野のカリキュラムを考えていく必要がある。

┃第2部┃各教科の実践┃

実践例①

技術・家庭科【家庭分野】

1　技術・家庭科【家庭分野】で育成する資質・能力と実現したい生徒の学ぶ姿

　『新学習指導要領』において，家庭分野の目標は，「生活の営みに係る見方・考え方を働かせ，衣食住などに関する実践的・体験的な活動を通して，よりよい生活の実現に向けて，生活を工夫し創造する資質・能力を育成すること」とされている。そこで，本校では，家庭分野の学習を通して，人の生活の営みに係る多様な生活事象を様々な視点で捉え，生涯にわたって自立し共に生きる生活を創造するために工夫する姿が表れることを目指す。

2　技術・家庭科【家庭分野】の「カリキュラム・デザイン」における工夫点

（1）必然性のある課題設定

　家庭分野の学習では，学んだことが生活とつながり，習得した知識や技能を生活で生かせるようになることが重要である。そこで，日常生活の中から課題を見いだし，生徒が「自分でできるようになりたい」と意欲をもって取り組めるような，必然性のある課題を設定する。

（2）社会とのつながりを意識するための工夫

　家庭分野の学習を通して，地域社会や日本・世界の現状などに目を向け，持続可能な社会のために自分にできることを考えられる生徒を育成したい。食品や衣服などの商品を選択する場面において，自分のことだけでなく，生産者の思いや食品の背景を考えて購入する「エシカル消費」についても理解し，選択肢が広げられるような工夫をする。

（3）機能的習熟を図るための工夫

　1度学習しただけでは，日常で生かせる知識や技能を定着させることは難しい。そこで，同じ作業を繰り返し行うことで知識や技能を定着させることができると考える。例えば，献立作成を調理実習ごとに行ったり，商品を選択する際には意思決定プロセスやエシカル消費について学習したりするなど，様々な分野において学習がつながるよう工夫する。

（4）思考の変容を記入できるワークシートの活用

　思考の変容を記入できるワークシートを作成し，1時間ごとの振り返りを重ねていく中で，生徒は自分の考えの深まりに気付くことができる。そして，深まった思考を日常生活につなげられるように促す。

3　実践の成果と今後への課題

　「和食を語れるようになろう」の最後のまとめでは，「和食を行事ごとや旬の時期に家族と食べることで，和食を守っていくことになると思う。」という記述があった。生活や社会につながる学習をすることで，自分の生活に結び付けて考えることができていたといえる。

　これからも習得した知識や技能を生活に生かしていくことができるよう，自分事として考えられる課題設定や，自分の学びを自覚できる工夫を行っていきたい。

技術・家庭科　103

●第２部／「生活の課題を解決する製品をつくろう！（製作品の構想・設計編）」・１年生

技術・家庭科【技術分野】実践例①

1 題材で育成したい技術分野の資質・能力
〔目指す生徒の学ぶ姿〕

　生活の中から技術に関わる課題を見いだして，課題を設定し，解決策を構想し，製作図等に表現する力
〔実生活の課題を解決するために，様々な条件や製品の安全性，環境負荷や経済性等に着目し，折り合いをつけながら解決策を構想（材料の選択，形状の決定など）する姿〕

2 題材について

　本題材「生活の課題を解決する製品をつくろう！（製作品の構想・設計編）」は，Ａ材料と加工に関する技術（３）の項目に当たり，自らの生活の中から材料と加工に関する技術を用いて解決できる問題を見付け，その問題を解決するための製作品の設計を行う。

　製品の構想を考えていく際には，家庭や学校生活の中で自分や家族が現在困っていることなどから自分が取り組む課題を設定する。こうすることで各自が目標をより明確にもつとともに，日常生活と関連付けながら解決策を考えられるなど，生徒それぞれが必然性をもちながら取り組めるようになる。加工方法の検討の際には，技術科室に準備されている工具や自分自身の経験から条件に合った工具を生徒一人一人が自分で考え選択していくことで，問題を解決するための力を育むことができる。また，材料費や製作期間などの条件を設定することで，社会や環境及び経済といった複数の側面にも着目しながら解決策を検討することができ，生徒自らが技術の見方・考え方を働かせながら学習を進めていくこともできる。

3 題材の学びを支える指導事項
（◎特に身に付けたい力・機能的習熟を目指す既習事項）

◎使用目的や使用条件に即した機能と構造について考える。（Ａ（３）ア）
◎構想の表示方法を知り，製作図をかくことができる。（Ａ（３）イ）
・材料の特徴と利用方法を知る。（Ａ（２）ア）

4 題材構想で意識した「つなぐ・ひらく」

（１）自分自身の経験や社会とつなぐ

　１年生は，小学校の図画工作や生活の学習でのこぎりなどの工具を使用したものづくりを経験してきている。こうした経験と技術分野の授業とをつなげ，課題を解決する製品を製作するために，自分がすべきことや準備するもの，必要な知識などについて見通しをもち，これからの授業の中で工具の特徴や使用方法などを学ぶことに対しての必然性も感じられるよう意識した。また，構想を立てる際には，社会で利用されている技術を見たり，インターネットを活用し技術が用いられている製品を調べさせたりすることで，技術の見方・考え方に気付けるようにするとともに，より根拠のある解決方法について検討できるようにした。

　なお，インターネットで調べる際には，複数のページから情報を検討することや信頼できるサイトについても指導することで，他教科や実生活にひらく情報活用スキルも身に付けられるよう意識した。

（２）汎用的なスキルでつなぐ

　本校では，自分の考えを伝える際，その根拠についても説明できるよう指導している。根拠を明確に話せるようになることは，知識・技能の定着にもつながっていく。技術分

野の学習でも，机間指導で「なぜそう思ったの」や「どうしてその方法を選んだの」などの問いかけをすることで自分自身の考えの根拠も考えさせるようにした。

（3）技術の見方・考え方を働かせた場面を記録し，これからの学習や生活へひらく

技術の見方・考え方がこれからの学習や実生活にも生きて働くよう，振り返りの場面等で自分自身が働かせた見方・考え方について記録させた。ここで記録した内容を作業の場面等で見直すことで，新たな課題に対しても同じように見方・考え方を働かせて解決できるようにした。

5　授業の実際

製作品の構想を考える場面では，自分自身の身の回りから課題を見付け，社会の技術とも関連付けながら考えたことで，それぞれの生徒が実際の場面を想像しながら，意欲的に構想立て・設計に取り組む姿が見られた。

構想・設計の振り返りでは，ものづくりの思考の流れを基に，振り返りや今後の見通しがもてるようなワークシートを活用した（図1）。このワークシートでは，最初にゴールである目標を各自で確認させる。その後，「目標を達成するためのポイント」，「構想立て・設計でできたこと・できなかったこと」，「これからの製作でやるべきこと」の順に記入していく。このように振り返ることで，ものづくりという一連の流れの中で現在の自分の成果と課題が意識でき，今後一層重視しなければいけない視点を自覚することができた。また，ワークシートを記入する際には，自分の取った行動に対し，安全性や利便性などの〇〇性といったキーワードも挙げさせるようにした。自分自身の行動やイメージをこうしたキーワードに置き換えることは，技術の見方・考え方の自覚にもつながり，技術分野の今後の学びや人生の中でも生きて働くことが期待できる。

また，作業手順を考える際には，お互いのワークシートを見せ合い情報交換していくことで考えを深めながら検討していった。

授業を参観した他教科の教員からは，目標に向かい，予想を基に解決策を探っていく流れは（数学の論証等の）他教科の学びにもつながる部分があるという話もあり，ここで得た考え方が他教科の学びにもつながっていくことを期待したい。

課題は，目標達成のために自分のやるべきことは挙がったものの，その根拠がまだまだ明確ではない生徒が見られたことである。中学1年生の段階でどこまで知識を身に付けさせるかは今後も考えていかなければならないが，より丁寧に既存の製品を分析したり，実際に製品の製作に携わっている人の話を聴いたりすることで，課題を解決するための工夫についての根拠をより明確にできると感じた。

（佐々木　恵太）

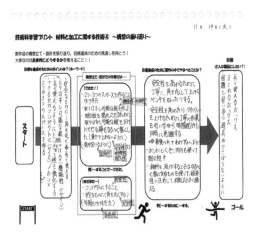

図1　構想・設計振り返りシート

[資料]　資質・能力育成のプロセス（8時間扱い）

次	時		評価規準 ※（　）内はAの状況を実現していると 判断する際のキーワードや具体的な姿の例	【　】内は評価方法 及び Cの生徒への手だて
1	1	関	安全性，経済性等を意識しながら考えようとしている。（○）	【ワークシートの記述の確認】【発言の確認】 C：ここまでのワークシートや既存の技術を見直し，ものづくりの工夫について確認させる。
2	2 ｜ 4	関	使用者の安全や製品の耐久性，経済性等を意識して製品の構想を考えようとしている。（○◎） （A：社会的側面，環境的側面，経済的側面を踏まえ，製作品の形状，寸法を考えようとしている。）	【行動の確認】【ワークシートの記述の確認・分析】 C：身の回りの製品を参考にしながら考えるよう促していく。
		工	使用目的，使用条件に合わせて製作品の形状や寸法を決定している。（○◎） （A：安全性，耐久性，経済性等に着目しながら製品の構想を立てられている。）	【行動の確認】【ワークシートの記述の確認・分析】 C：実際に製品を使用している場面を想像させたり，身の回りの製品の工夫を参考にさせたりする。
	5	関	製品の安全性や耐久性などをより高めるための工夫について考えようとしている。（○）	【行動の確認】【ワークシートの確認】 C：同じような製品をつくろうとしている人の構想を参考にさせる。
		工	より使用目的，使用条件に合った製作品の形状や寸法を決定している。（○◎） （A：安全性，耐久性，経済性等に着目しながら製品の構想を立てられている。）	【行動の確認】【ワークシートの確認・分析】 C：同じような製品をつくろうとしている人の構想を参考にさせたり，既習事項を確認させたりする。
3	6 ｜ 8	技	製作品の構想を等角図及び第三角法でかき表すことができる。（○◎） （A：正確で詳細な図面の作成ができている。）	【行動の確認】【構想図の分析】 C：ワークシートや教科書でかき方の確認をさせる。
		知	等角図及び第三角法などの見方やかき方に関する知識を身に付けている。（○◎） （A：等角図，第三角法の正しいかき方について説明することができる。）	【行動の確認】【構想図の確認】【記述の分析】 C：ワークシートや教科書でかき方の確認をさせる。

〇は主に「指導に生かすための評価」，◎は主に「記録するための評価」

主たる学習活動	指導上の留意点	時
【課題】 生活の課題を解決する製品をつくろう！ ・日常生活で起きている，ものづくりで解決できそうな問題についていくつか考える。 ・出てきた問題について，どのような製品があれば解決できそうか検討する。 ・条件設定を確認し，本題材で製作する作品を決定する。	・自分が実際に使う場面や普段どのような視点で製品を購入しているかなどを考えさせる。	1
・ものづくりを行うために必要なことを考える。 　→完成までの作業の流れ，製品について考えなければならないポイント，用意するもの，必要な知識等 ・それぞれの考えを発表し合い，班として一つのものにまとめる。 ・製作品の構想を考える。 　→製作品スケッチ（第1案）の作成，追加材料の検討，使いやすさ・安全性・耐久性を高める工夫の検討，接合方法・仕上げ方法の検討	・小学校での活動など今まで自分が経験したものづくりの体験を参考にしながら考えさせる。 ・身の回りの製品がどのようにつくられているかを考えさせる。 ・身の回りの製品の工夫点について考えさせる。 ・班でまとめたものを共有のフォルダに保存し，他の班や他クラスの考えも見られるようにする。 ・教科書やインターネットを活用させ，より根拠のある情報を集めながら製作品の構想を考えさせていく。 ・生徒が考えた製作品の構想を基に，今後の流れや条件等を設定させる。 ・材料の特性について学んだことを確認させる。	2 — 4
・班で自ら考えた製品の構想を発表し合う。 ・相手の発表を聞き，自分の考えを伝える。 ・もらった意見を参考にしながら，製作品スケッチ（第2案）を作成する。	・なぜそのような工夫をしたのか根拠を基に説明させる。 ・自分の考えと相手の考えの共通点と相違点を考えながら話し合いを行わせる。	5
・等角図のかき方を練習する。 ・製品の構想図を作成する。 　→構想図は，等角図・第三角法による正投影図で作成 ・構想・設計について振り返る。	・練習問題を解きながら，等角図のかき方についての知識を整理させる。 ・かいた図をお互いに確認し合うことで，等角図等のかき方のポイントを理解させる。 ・自分の考えた構想を振り返りながら，構想図を完成させる。 ・課題解決のためにできたことや，今後意識することをキーワード（〇〇性）で挙げ確認させる。 ・今後の作業で意識すべきことも挙げ，見通しを持たせる。	6 — 8

技術・家庭科【技術分野】実践例　107

●第2部／「和食を語れる人になろう」・2年生

技術・家庭科【家庭分野】実践例①

1 題材で育成したい家庭分野の資質・能力
〔目指す生徒の学ぶ姿〕

　よりよい生活の実現に向けて，生活を工夫し創造する力〔日本の伝統的な食生活について関心をもち，日本に訪れた外国人に和食のよさを説明するために学び合う姿〕

2 題材について

　本題材「和食を語れる人になろう」は，学習指導要領「B 食生活と自立」の（3）にあたる。地域の食材や旬の食材を生かし，だしを用いた和食の調理を通して，日本の伝統的な食文化についても考えさせたい。

　平成25年12月に「和食；日本人の伝統的な食文化」がユネスコ無形文化遺産に登録された。しかし，現在日本では，料理をする家庭が減り，食生活を外部の食産業に頼る家庭も増加傾向にある。また，家庭でつくる料理も各国の料理が取り入れられ，食材なども海外から輸入するものが多くなっている。

　そこで，これからの社会を担う中学生が，日本の伝統的な食文化である「和食」の特徴について理解し，よさを説明できるようになってほしいと考えた。実際にだしをとって調理をすることや，行事食や地産地消について考える経験をすることで，日常生活につなげていきたい。

3 題材の学びを支える指導事項
　（◎特に身に付けたい指導事項，・機能的習熟を目指す既習事項）

◎地域の食材を生かすなどの調理を通して，地域の食文化について理解すること。（B（3）イ）

◎食生活に関心を持ち，課題をもって日常食や地域の食材を生かした調理などの活動について工夫し，計画を立てて実践できるこ

と。（B（3）ウ）

・基礎的な日常の調理ができること。（B（3）ア）

・伝統的な日常食である米飯及びみそ汁の調理の仕方を理解し，適切にできること。（小学校）

4 題材構想で意識した「つなぐ・ひらく」
（1）日常生活や社会につなぐ

　本題材においては，一食分の献立を調理する経験だけでなく，実際にだしをとって調理することや旬の食材を調理することなどを通して和食のよさを理解させ，またつくってみたいと思えるような学習をすることで，日常生活につなげる。また，日本の伝統的な食文化について学習し，生活文化を継承しようとする姿勢にひらく。

（2）体験と言語をつなぐ

　和食について自分自身の思考の深まりを自覚するために，思考の変容がわかるワークーシートを活用する。そうすることで，自らの学びを俯瞰することができ，学習前と学習後を比べて，自分の言葉で「和食」について語ることができるようにする。

（3）これまでの学習をつなぐ

　小学校での学習や2年生の前期に学習した内容を振り返りながら学習を行う。また，和食の調理実習をした際には，実習時の写真を活用して振り返りを行うことで，技能の習得を図り，次回の実習に生かすことができるようにする。

5 授業の実際

　授業のはじめに，和食についてのイメージを想起させるために，「東京オリンピックの外国人観光客に，『和食を食べたいが，何を食べたらいいか』と聞かれたら，何と答えま

108 ||||| 新しい時代に必要となる資質・能力の育成　Ⅲ

すか。」という質問をした。（図1）

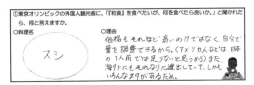

図1　ワークシートの記述（1時）

生徒が和食と捉えた料理を基に，「和食とは何か」について考えた。生徒からは，「昔から食べられていた料理」，「日本で生まれた料理」などの意見が出た。また，海外から入ってきたが日本でアレンジされたものについては，和食ではないが日本の文化であろうという意見もあった。その後，無形文化遺産に登録された4つの特徴を学習した。特徴とは，①多様で新鮮な食材とその持ち味の尊重，②健康的な食生活を支える栄養バランス，③自然の美しさや季節の移ろいの表現，④正月などの年中行事との密接な関わりである。

和食の捉えをクラスで共有した後，一食分の調理を行うための計画を立てた。生徒と共に和食となる献立を検討し，今回の調理実習では，主食は米飯，主菜は煮魚（ぶり），副菜は漬物，汁物はみそ汁とした。

生徒の調理実習後の振り返りからは，「旬のぶりは脂がのっていておいしかった。」や「みそ汁はインスタントと比べても，だしのある方が香りが豊かでおいしかった。」，「きれいな盛り付けが味を引き立てている。」などの意見が見られ，和食のよさを感じることができたようであった。

生徒の振り返りの中で，「旬」という言葉が多くみられた。そこで，日本の年中行事に注目させ，「ハレの日に家族で囲むお祝いの食事」や「自然への感謝と祈りを込めた行事食」といった和食は，季節との関わりが深いことに気付かせることができた。

その後，再度授業のはじめの質問「東京オリンピックの外国人観光客に，『和食を食べたいが，何を食べたらいいか』という質問を投げかけた。思考の変容を記入できるワークシートを活用し，今までの学習から和食の視点を盛り込んで考えるよう促した。すると，学習前よりも「だしのうま味」や「季節の食材」といった和食の視点が入り，自分の言葉で和食を語る生徒が多くみられた（図2）。

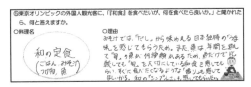

図2　ワークシートの記述（最終時）

題材のまとめとして，記入したワークシートを基に，外国人観光客役と本人役に分かれて和食を紹介し合った（図3）。生徒の中には

図3　紹介の様子

英語を用いて紹介する生徒もおり，英語の学習とのつながりが感じられた。

本題材を生活や社会にひらくためには，授業のはじめに日本の食生活の現状を十分に把握させ，問題意識をより高めさせることができれば，一層学びが深まったであろう。単に「和食を語る」だけでなく，「和食を守り，伝えていく」ために自分に何ができるかについて，語れることが重要であると考える。

●参考文献
1）農林水産省ホームページ　http://www.maff.go.jp/j/keikaku/syokubunka/

（池岡　有紀）

[資料]　資質・能力育成のプロセス（５時間扱い）

次	時		評価規準 ※（　）内はAの状況を実現していると 判断する際のキーワードや具体的な姿の例	【　】内は評価方法 及び Cの生徒への手だて
1	1	関	食文化について関心をもって学習活動に取り組み，食生活をよりよくするために実践しようとしている。（○）	【ワークシートの記述の確認】 C：自分の食生活を思い出しながら，考えを記入できるよう促す。
		知	食文化の意義について理解するとともに，調理に関する基礎的・基本的な知識を身に付けている。（○○）	【発言の確認】 C：クラスで考えた「和食」が，無形文化遺産に登録された「和食」の どの特徴に結びつくか，考えるように促す。
	2—4	技	日常食や地域・季節の食材を生かした調理に関する基礎的・基本的な技術を身に付けている。（○◎） （A：だしの取り方や魚の調理について理解し，調理することができる。）	【ワークシートの記述の分析】【行動の観察】 C：だしの取り方や魚調理の特徴について，ICT教材を用いながら，繰り返し学習をするよう促す。
		工	日常食や地域・季節の食材を生かした調理について課題を見付け，その解決を目指して自分なりに工夫している。（○◎） （A：調理実習で考えた具体的な記述。）	【ワークシートの記述の分析】【行動の観察】 C：調理実習を通して，感じたことや考えたことを記入するよう促す。
	5	関	食文化について関心をもって学習活動に取り組み，食生活をよりよくするために実践しようとしている。（○◎） （A：なぜその和食をすすめるのか，和食の特徴を踏まえた具体的な記述。）	【ワークシートの記述の分析】 C：授業を通して，新たにわかった視点について考えさせる。
		工	自分や家族の食生活について課題を見付け，その解決を目指して自分なりに工夫し創造している。（○◎） （A：「和食を守り，伝えていく」ための具体的な記述。）	【ワークシートの記述の分析】 C：和食の学習を振り返り，自分にできることを具体的に考えさせる。

〇は主に「指導に生かすための評価」，◎は主に「記録するための評価」

主たる学習活動	指導上の留意点	時
		1
【課題】 東京オリンピックの外国人観光客に，「『和食』を食べたいが，何を食べたらいいか」と聞かれたら，何と答えますか。		
・質問の答えに当てはまるメニューを写真カードから選び，発表する。 ・挙がったメニューを「和食とは何か」について考え，意見交換をした後，発表する。 ・無形文化遺産に登録された「和食」の特徴を知る。	・和食と聞いて思いつくものを挙げさせ，項目を立ててまとめる。 ・考えの変容や授業を通して気付いた視点を記録できるワークシートを用意する。 ・和食の特徴として，①多様で新鮮な食材とその持ち味の尊重，②健康的な食生活を支える栄養バランス，③自然の美しさや季節の移ろいの表現，④正月などの年中行事との密接な関わりという4つが挙げられていることを知り，この特徴について具体的に考えていくことを伝える。	
・一汁三菜について，以前の学習を振り返る。また，なぜ伝統的にこの型であるのか考える。 ・写真カードを用いて，実際に一汁三菜の献立を組み合わせる。 ・調理実習（主食，主菜，副菜，汁物で一食分の献立）の計画を立てる。 ・計画に基づいて，調理実習をする。	・「主食，主菜，副菜，汁物」の汁物には「だし」が入っていることに気付かせる。 ・だしの特徴についても考えさせ，今回の調理実習ではだしを自分たちでとることを伝える。 ・調理実習では，魚を使った主菜，だしを用いた汁物，副菜の調理を行うことを伝える。 ・旬の食材を使い，おいしさに気付かせる。 ・インスタントの汁物を用意し，つくった汁物との違いを比べさせる。 ・盛り付けや配膳を丁寧に行わせる。	2 ｜ 4
・調理実習の振り返りを行う。実際につくって考えたことや感じたことについてクラスで共有する。 ・行事食について学習する。 ・改めて「東京オリンピックの外国人観光客に，『和食を食べたいが，何を食べたらいいか』と聞かれたら，何と答えるか。」について，自分の意見をまとめ，クラスで共有する。 ・最後に「和食を守り，伝えていくために，自分にできることは何か。」について考える。	・考えの変容や授業を通して気付いた視点を記録できるワークシートを用意する。 ・日本には，1年を通して様々な行事食があることに気付かせる。 ・はじめと同じ質問を投げかけ，和食の視点でメニューを選び，特徴を踏まえて説明できるよう促す。 ・今まで学習してきたことを踏まえて，日常生活につなげられるよう促す。	5

第2部｜各教科の実践

英語科

実践例①〜③

1　英語科で育成する資質・能力と実現したい生徒の学ぶ姿

　今年度の英語科の教科テーマは，「継続的な授業改善を通して実践的コミュニケーション能力を育むカリキュラム構想」である。新学習指導要領ではこれまで以上に「外国語を実生活のどのような場面で使用するか」という点に重点が置かれている。本校英語科ではコミュニケーションにおける見方・考え方を働かせ，聞くこと，読むこと，話すこと，書くことの言語活動を通して，簡単な情報や考えなどを理解したり伝え合ったりする資質・能力の育成を目指している。

　その一環として，論理的に思考を構築し，相手の意見に対する自分の考えを表現する機会となるような対話的な言語活動に取り組んでいる。一文を述べて終わりではなく，自分の意見や考えに対する理由や根拠も併せて述べ，会話を継続させる工夫を行っている。

　スピーチやプレゼンテーションと普段の会話では，声の大きさや話すスピードには違いがあり，場面に合わせて表現方法に工夫が求められる。体験的に習得した知識や経験を生かし，コミュニケーションを行う目的や場面，状況等に応じて自分の考えや気持ちなどを表現する姿の実現を目指した言語活動を設定し，取り組むことで主体的にコミュニケーションを図ろうとする態度を養い，変化の激しいグローバル社会を生き抜くためのコミュニケーション能力を育みたい。

2　英語科の「カリキュラム・デザイン」における工夫点

　英語科では，上記の資質・能力の中でも特に主体的にコミュニケーションを図ろうとする態度の育成を目指し，次のようにカリキュラム・デザインを行っている。

（1）CAN - DO リストを活用した3年間の見通し

　コミュニケーション能力の向上を確実なものとし，3年間を見通した系統的な指導の実践のために CAN - DO リストを活用している。最終的な生徒の学ぶ姿の実現を目指し，生徒の実態に応じて内容や課題を柔軟に調整しながら進めている。

（2）挑戦的な評価課題の定期的な実施

　スピーチ，プレゼンテーション，エッセイライティング，スキットメイキング，ディベートといった挑戦的な評価課題を定期的に実施しているが，これらに取り組む際にはコミュニケーションを行う目的や場面，状況などの場面設定を明確にし，その必要性と課題への取り組みを通して何ができるようになるのかということを理解させることで挑戦的な評価課題の成果をより効果的なものにできると考える。また，関心のある事柄，日常的な話題や社会の課題，学校生活，または他教科での学習内容と関わりのあるテーマを設定し，様々な分野とのつながりを意識させることで，思考の広がりや深まりが生まれることを期待している。

（3）即興性を伴う言語活動への取り組み

　新学習指導要領において，話すことが〔やり取り〕と〔発表〕の2つの領域に分かれ，

112 ‖‖‖ 新しい時代に必要となる資質・能力の育成　Ⅲ

いずれにおいても，即興で伝え合う，即興で話すという目標が明記されたこともあり，今後さらに即興的にコミュニケーションを図る資質・能力の向上が求められると考える。

実際のコミュニケーションの場面においては，話し手と聞き手が情報や意見などを即座にやり取りすることが多く，英文を頭の中で組み立てる時間はない。即興的に表現する能力は，継続的に反復練習を行うことによって身に付くものであると考える。従って即興性を育むために，日頃から生徒同士やALTとのやり取りなどを通して日常的な話題や関心のある事柄，社会の課題などについて表現し合う機会を設けるようにしている。

（4）対話を重視したグループ活動

言語は通常，人との関わりの中で用いられるため，相手を尊重し，配慮しながらコミュニケーションを図ることが求められる。相手への配慮を伴ったコミュニケーション能力を高めるため，ペアやグループでの話し合いの場面を多く作り出している。話し合いでは必然的に他者との関わりが生まれる。仲間と協力し合い，対話を通して様々な情報を得たり自分とは異なる価値観に触れたりすることで，自らの考えを広げ深める学びの実現を目指している。

これらの取り組みを継続的に反復して行い発展させることで，論理的な思考力を育み，自分の考えを豊かに表現し，意見交換や情報共有ができる生徒の育成を目指す。

3　実践の成果と今後への課題

英語科では，主体性と対話を重視した言語活動を通して，英語を使って積極的に表現するといったコミュニケーションに対する前向きな姿勢を育むための実践を行ってきた。そして今年度も継続してこれらを意識した挑戦的な評価課題に取り組んでいる。

英語を使用したコミュニケーション能力の向上には，学びの系統性が重要であることが生徒による授業評価からも見て取れる。定期的に実施している授業評価によると「授業を通して教科の力が付いてきたという実感がある」という質問に対して「そう思う」「ややそう思う」と肯定的な回答をした生徒の数が各学年とも全体の約9割に上った。1年でのコミュニケーションの基礎の定着，2年での習得したコミュニケーションスキルの伸長と今後の学びにつながる課題の取り組み，3年でのさらなるレベルアップを目指したより社会性のある課題の取り組み，というような3年間を見通した挑戦的な評価課題に今後も継続して取り組み，コミュニケーション能力の育成につなげたい。

生徒は他教科の学びや既習事項と英語科の課題を有機的につなげている。英語科の実践はいずれも，他教科や学校行事，または日常生活や社会と関わるものである。そのつながりに生徒が自然に気付き，学ぶ必然性を感じる課題設定を今後も行っていきたい。

協働学習では教え合いによってどの生徒も他者に学ぶことができるが，教師が各々の理解度をどのように把握しどう支援していくのかということが今後の課題である。

英語を用いて考えや意見を表現したり他者への理解を深めたりすることができるようになるために，教室内において現実に近い状況や場面をどのように設定するか，どのようなプロダクティブな活動が効果的なのかということを今後も追究していく。

●第２部／「You're a great actor!」・１年生

英語科実践例①

1 単元で育成したい英語科の資質・能力
　　[目指す生徒の学ぶ姿]

　複数の領域を統合した言語活動を通して，場面や状況に応じて表現する力
[聞くこと，読むこと，話すこと［やり取り］，話すこと［発表］，書くこと，の五領域を統合したドラマ活動を通して，場面や状況に応じて表現する姿]

2 単元について

　本単元「ドラマ形式での英語活動」でポイントとするのは，新学習指導要領で示される①獲得した個別の技能を自分の経験や他の技能と関連付けられ，変化する状況や課題に応じて主体的に活用すること，②コミュニケーションの目的や場面に応じて相手に応じた表現を選択し，表現すること，③言語活動を通して生徒に自信をつけさせたり他者を配慮し受け入れる寛容の精神を身に付けさせたりすること，である。

　本単元ではドラマ形式の言語活動の基礎を通して，それまでに学習したことを相互に関連付けながら，場面や状況によって，どのような表現を活用するのかを生徒自身が動きを加えながら考える体験をする。この体験を通し，場面ごとに人物の心の動きを感じ，自己表現能力を高め，自信をもってコミュニケーションをとることができる態度を養いたい。

3 単元の学びを支える指導事項
　　（◎特に身に付けたい指導事項，・機能的
　　　習熟を目指す既習事項）

◎場面や状況にふさわしい音声での表現を用いて話す。（話すこと）

◎身振り手振りなどを工夫し，登場人物の気持ちを伝える。（話すこと）

・話されている内容から，話し手の意向を理解したうえで，続きの内容を考えて書く。（書くこと）

・フォニックスの仕組みを活用して，初出の言葉であっても，推測して聞き取ったり書きとったりする。（聞くこと）

・基本的な強勢やイントネーションなどの違いを理解する。（読むこと）

4 単元構想で意識した「つなぐ・ひらく」
（1）帯活動「Let's be actors!」とつなぐ

　自他理解とコミュニケーション能力の育成のために，状況に合わせて顔や声の表情を変えて表現するという MLS（モデル・ランゲージ・スタジオ）のドラマメソッド®の指導法を学校授業に合わせた形で実践している。

　設定された場面の中で登場人物を演じることにより，彼らがどのような心の動きをし，選択や決断をするのかを経験する。その経験を重ねることで，実際の場面での対応力を身に付けたり，自信をもって行動できるようになる。これを授業に取り入れて，既習事項を活用したり，試したり，新しい表現を知りたいという意欲を高めたりすることを目指す。

（2）登場人物の感情・行動と表情・音声を
　　つなぐ

　映像の登場人物が心の動きに対してどのように声や顔の表情で表現しているのかをみとり，その真似をすることから始める。徐々に自分なりの工夫を加えて，登場人物の感情を様々な方法で表現する。活動を繰り返すことで，表現を自分のものとして取り入れ，将来的には独自の表現ができるようにする。

114 ‖‖‖ 新しい時代に必要となる資質・能力の育成　Ⅲ

（3）グループ活動を通して，新たな表現方法に気付き，試し，再考するという学習スパイラルにつなぐ

　グループ活動の中でも少しずつ活動内容の難易度を高めていったり，振り返りをしながら活動したり，お互いの発表から学んだりすることを通して，新たな発見をする機会を作る。その発見から，表現方法や話の内容をよりよいものへと変えて実践して，また修正するという流れをつくる。

5　授業の実際

　映像の中での英会話を真似してアフレコする練習では，個人でレコーディングしながら練習をした（図1）。よく聞いて真似し，自分の音声と聞き比べて修正しながら練習することで，英語のリズムを身に付けたり，実際の声の調子がどのようになるのかを理解する。練習するにつれ，映像の人物と同じように話せる生徒や，発音が以前より格段に上達した生徒もおり，とても効果的であると感じた。

図1　個人練習の様子

　その後，グループでアフレコ練習を行った。ここでは互いに「もっとここを強く言ったほうがいいのでは」というようにアドバイスをし合う姿が見られた。話の続きを考える際にも，伝わるような文になっているかをグループ内で確認しながら進めていた。しかし放っておくとインターネットの翻訳機能や難しい単語を使ってしまうため，巡回しながら教師が日本語でパラフレーズしたりリキャストしたりする必要があった。

　発表後の振り返りでは，それぞれの活動場面で大事なことをおさえ，次回の同様の活動で活用し思考を深めていく視点とさせたいと考えた。

　今回の授業実践を通しての反省点は，フォローの必要性である。イントネーションやリズムが映像と同じようにできるようになった生徒もいるが，一方では映像の内容が活動の後半になっても理解できていない生徒もいた。また，グループ活動を通して互いに助け合いながら理解していったグループもあったが，疑問を出せないグループもあった。生徒の自主性の尊重と教員の介入のジレンマでもあるが，例えばグループでチェックシートを用意して，何にポイントを置いて活動をするかが分かるようにしてもよいと思った。

　また，sitcomの映像を使いユーモアのある話ではあったが，「この状況の時にどうするのか」という課題解決的な要素が今回は取り入れられなかった。今後は実際の状況により近い会話を取り入れたり，教科書では登場人物の感情に意識を向けられたりするように指導していきたい。

　今回のような活動を重ねていき，将来的には即興で場面に応じた対応がとれたり，登場人物の気持ちを素直に表現できたりする力につながるようなアプライドドラマ形式の言語活動を展開したい。

●参考文献
1）アレン・オーエンズ，ナオミ・グリーン著，小林由利子編（2010）「やってみよう！アプライドドラマ　自他理解を深めるドラマ教育のすすめ」，図書文化社
2）MLS（モデル・ランゲージ・スタジオ）Drama Method® 資料

（武田　美樹）

[資料]　資質・能力育成のプロセス（7時間扱い）

次	時		評価規準 ※（　）内はAの状況を実現していると 判断する際のキーワードや具体的な姿の例	【　】内は評価方法 及び Cの生徒への手だて
1	1 ｜ 2	理	登場人物たちが何について話しているかを理解している。（○）	【発言の確認】 C：どこで，何が起きているのか，概要をつかませる。
		知	既習事項についての知識を身に付けている。（○）	【記述の確認】 C：フォニックスを思いだしながら，一部の文字だけでも書くように促す。
		知	よく聞き，発音することで，基本的な強勢やイントネーションを理解している。（○）	【発言の確認】 C：すべての会話を繰り返すのではなく，1セリフずつ繰り返し，できるようになったら次のセリフにすすむように伝える。
	3	関	試行錯誤しながらも，工夫して声を出し，登場人物の気持ちや考えを伝えようとしている。（○）	【発言の確認】【行動の確認】 C：発音のポイントすべてを成功させることにこだわらず，まずはイントネーションを真似させる。
	4 ｜ 5	表	場面や状況にふさわしい音声での表現を用いて話すことができる。（○◎） （A：正確に理解し，表現している。）	【行動の分析】 C：映像や音声を繰り返し確認させる。
		理	話されている内容から，話し手の意向を理解したうえで，続きの内容を考えることができる。（○）	【発言の確認】【行動の確認】 C：それぞれの登場人物がどのように感じ考え，次にどのようなことをするか想像させる。
	6 ｜ 7	表	場面や状況にふさわしい表現を用いて話すことができる。（○◎）	【行動の分析】 C：言語での表現と体の動きがリンクすることを意識させる。
		関	身振り手振りなどを工夫し，登場人物の気持ちを伝えたり，どのような工夫が良いかを考えたりしようとしている。（○◎） （A：自分だけでなく他者の演技からも学んでいる。）	【行動の分析】【ワークシートの分析】 C：振り返りの際に，時系列でその時にどう感じたり考えたりしたかに注目させる。

○は主に「指導に生かすための評価」，◎は主に「記録するための評価」

主たる学習活動	指導上の留意点	時
・海外ドラマのワンシーンを観て，分からない部分も推測しながら内容をよみとる。 ・話の場面等を簡単に確認し，繰り返し映像を見ながら台本の空欄を穴埋めする。 ・空欄や内容についてグループと学級全体で確認する。 ・映像を見ながら，セリフを言う練習をする。 ・自分の音声を録音して，発音等を確認する。	・演者の表情や動きをよく見て，どのような感情や考え，気持ちで発言しているのかに注目させる。 ・フォニックスや既習事項を意識させる。 ・集中して繰り返し聞くことで，音の動きや強弱を染み込ませる。 ・練習の前に，未習単語の発音を確認する。 ・TPCのレコーダーを活用する。	1 ｜ 2
・個人で映像に合わせて，声の演技をする。 ・グループで役割を決め，その人物のセリフを集中して練習する。	・録音をし，聞き，確認する，という流れを繰り返して練習することにより，自分を振り返り，よりよく発音し演技をするように促す。 ・まずは個人で練習し，机間指導しながら十分であればグループでの練習にうつるよう声をかける。	3
・映像に合わせてアフレコ演技をする。 ・実際に顔の表情をつけて演技練習をする。	・前時の練習とともに，よりよくなる工夫をするよう声をかける。 ・TPCに録音し，提出する。	4 ｜ 5
【課題】 さて，この場面の続きはどうなるのでしょうか。 グループで続きを考えて話を作り，演じてください。その際，登場人物の心の動きに注目して，言葉と体で表現しましょう。		
・グループで物語の続きを考えて加え，練習する。	・いつもの自分とは別人として演技するよう促す。 ・話を終了させる際の条件等を提示しておく。	
・前時の練習を思い出す。 ・グループごとに演技を行う。 ・演技を通して，登場人物の気持ちや英語表現について考えたこと，伝える際に英語表現で工夫したこと，を中心に振り返る。	・既習事項等を動きとともに体に染み込ませる。 ・他のグループの演技を見ながら考えたことや感じたことをワークシートに記入しておく。 ・振り返りは個人とグループ，一斉で行う。	6 ｜ 7

英語科 実践例 ||||| 117

●第2部／「Let's have a mini debate!」・2年生

英語科実践例②

1 単元で育成したい英語科の資質・能力
　　[目指す生徒の学ぶ姿]

　ミニディベートに準じた言語活動を通して相手の意見に対して自分の考えを即興的に表現する力

[与えられたテーマについて，仲間と協力しながら意見や考えを即興的に構築し，聞き手を納得させる内容を効果的に表現する姿]

2 単元について

　意見や考え，またはその理由などを述べ合うことができるということ，即興で話すことができることは，グローバル社会を生き抜くために不可欠な要素であると考える。そして，これらの要素は一朝一夕に身に付くものではなく，積み重ねによって構築される力であると考える。従って，これらの技能を獲得するために，中学生の段階から練習を繰り返し，小さな成功体験を積み重ねていくことが必須である。ミニディベートに準じた即興性を伴う言語活動を通して，これらの知識・技能を習得し，多様な見方や考え方に触れる機会としたい。

3 単元の学びを支える指導事項
　　（◎特に身に付けたい指導事項，・機能的
　　習熟を目指す既習事項）

◎意見や考えを既習の単語や文法を用いて即興的に表現する。（話すこと）

◎自分とは異なる価値観を持つ相手の意見に対して，仲間と協力して柔軟かつ即座に反応する。（聞くこと，話すこと）

・聞き手を説得するためにはどのような表現方法が効果的かを考え実践する。（話すこと）

・相手の意見を正しく聞き取る。聞き取ることができなかった場合には，聞き返す。（聞くこと）

・英語らしい発音やイントネーションを用いて表現する。（話すこと）

・多様な見方・考え方があることを理解する姿勢をもつ。（聞くこと）

4 単元構想で意識した「つなぐ・ひらく」

（1）過去の学びとつなぐ

　1年次より，スピーチやプレゼンテーションなどのパフォーマンス課題に取り組み，相手にとって伝わりやすい魅力的な表現方法はどのようなものかについて考え実践してきた。また，即興的に話す力を育むために，帯活動として，One Minute Speaking を1年次より行っている。この活動はペアワークであり，提示されたテーマについて，一方の生徒がもう一方の生徒に1分間話し続けるというものである。これらの言語活動で身に付けたスキルを今回の言語活動とつなぐ。

（2）他教科での学びや日常生活とつなぐ

　生徒が没頭して課題に取り組むためにはテーマ設定が重要である。そのため，オーセンティックで必然性があり，生徒の日常に即したテーマが，意見交換を行う価値を見いだしやすく有効であると考える。身近なことについてのテーマであれば，自分事として考え取り組みやすい。学校行事，道徳，他教科等との関連が見いだせるテーマを設定することで，テーマに教科間のつながりが存在することに気付かせ，他教科における学びが互いに役立つことを実感させる。

（3）実社会にひらく

　グローバル社会を生き抜くためには，予想がつかないような出来事にも対応する力が求められると言われている。即興性を必要とす

118 ||||| 新しい時代に必要となる資質・能力の育成　Ⅲ

る言語活動を通して，この不測の事態に対応する力を育成する。

5 授業の実際

（1）言語活動の取り組みの流れ

即興型ミニディベートに準じた言語活動への取り組み全体の流れは，スモールステップの原理に沿っている。まず，テーマに関するGood Point，Bad Point を出来るだけ多く考え，それらを発表する。次に，発表された考えに対して Attack する。最終的に，2グループ対抗で，発表と Attack をし合い，オーディエンスはどちらが説得力のある主張であったかをジャッジする。

段階を踏むことで，即興性を伴う言語活動に対する心理的負担の軽減を図るとともに，即興的に考え表現するスキルを徐々に高めていく。

（2）進行方法

クラス内に 4 人組の班を複数作り，テーマについての Good Point を考える班，Bad Point を考える班に半分ずつ分ける。

テーマと班の立場を理解した後に，班ごとでのディスカッションに入る。このときに工夫したことは，英文を書かせないということである。英文を書いてしまうと，発表の際に書いたものを読もうとする，あるいは一度書いた英文を思い出そうとしていることになる。それでは即興性は育まれにくい。そこで，キーワードのみをメモする程度にとどめた。しかし当初は，間違えたくない，間違えると恥ずかしいという心理から，英文を書こうとする生徒が多く見られた。

発表は，Good Point の班，Bad Point の班からそれぞれ一班ずつが，ジャッジ役の生徒の前に整列し，ジャッジに対して発表していく形とした。

Attack の内容は，班のメンバー全員で考えること，ディベートはジャッジを説得することが目的であるため，ジャッジに対して訴えることを確認した。

発表，Attack の前に，共通理解を図ったことは，正確な英語を話すことが目的ではないということである。実際に英語を使ってコミュニケーションを行う場面では，聞き手は話し手が完璧な英語を話すかどうかということではなく，何を言おうとしているのかその内容に注目する。文法や単語の使い方が間違っても，表現しようとすることが大切であることを理解させた。

（3）リフレクション，フィードバック

実際に発表して気付いた自分の課題やその課題の克服方法，他者の発表を見聞きし気付いたこと等を具体的に記述し整理する。継続的にリフレクションを行い，自分自身の変容や成長に気付くように促した。

また，教師が生徒のパフォーマンスに対してフィードバックを与えることで，表現の仕方に工夫が生まれ，表現力の向上につながった。

（4）成果と課題

この言語活動を通じて，生徒は即興的に話すことへの抵抗感が軽減したと感じる。また，対話や協力の重要性を実感し，達成感を得ることができた。そして，多様な考えを理解し自分の考えを表現するスキルが高まった。また，正しく理解しなければ Attack できないため，正確に聞き取ろうとする姿勢が身に付いた。

課題としては，教師によるリキャストをどの程度行っていくべきかということや，限られた語彙数で意見や考えを説得力を持って表現することの困難さ等が挙げられる。

（田前　千春）

［資料］　資質・能力育成のプロセス（8時間扱い）

次	時	評価規準 ※（　）内はＡの状況を実現していると 判断する際のキーワードや具体的な姿の例		【　】内は評価方法 及び Ｃの生徒への手だて
1	1 ｜ 2	表	テーマに即した内容を表現している。（○）	【活動の確認】 Ｃ：わからないことは他のメンバーに聞くなど 　　し，簡単な英語を使用して表現するように 　　促す。
		表	アイコンタクト等，相手を意識して話してい る。（○）	【活動の確認】 Ｃ：聞き手を見ながら表現するように促す。
		関	取り組みを振り返ろうとしている。（○◎） （Ａ：課題を把握し，改善のための具体的な 手立てについて記述している。）	【ワークシートの記述の分析】 Ｃ：改善点を明確に記述するよう促す。
	3 ｜ 5	関	グループのメンバーと協力して活動すること ができている。（○）	【発言の確認】 Ｃ：しっかり考えて意見を持ち，考えをメンバ 　　ーに伝えたりするように促す。
		表	テーマに即した内容を表現している。（○）	【活動の確認】 Ｃ：わからないことは他のメンバーに聞くなど 　　し，簡単な英語を使用して表現するように 　　促す。
		表	アイコンタクト等，相手を意識して話してい る。（○）	【活動の確認】 Ｃ：聞き手を見ながら表現するように促す。
		関	取り組みを振り返ろうとしている。（○◎） （Ａ：課題を把握し，改善のための具体的な 手立てについて記述している。）	【ワークシートの記述の分析】 Ｃ：改善点を明確に記述するよう促す。
	6 ｜ 8	関	効果的な表現方法についてグループのメンバ ーと協力して活動することができている。 （◎） （Ａ：メンバーの意見を尊重し，自分の意見 を述べている。）	【発言の分析】 Ｃ：しっかり考えて意見を持ち，考えをメンバ 　　ーに伝えたりするように促す。
		表	テーマに即した内容を聞き手にわかりやすく 表現している。（◎） （Ａ：明確な内容を正しい発音やイントネー ションで表現することができる。）	【活動の分析】 Ｃ：わからないことは他のメンバーに聞くなど 　　し，簡単な英語を使用して表現するように 　　促す。
		表	相手に伝わるように意識して話している。 （◎）（Ａ：アイコンタクトやジェスチャー等 を用いて相手に伝えようとしている。）	【活動の分析】 Ｃ：聞き手を見ながら表現するように促す。
		関	活動を通して身に付けたことを今後の学習の 場面に生かそうとしている。（○◎） （Ａ：活動全体を通して学んだことや自分自 身の課題について具体的に記述している。）	【ワークシートの記述の分析】 Ｃ：改善点を明確に記述するよう促す。

○は主に「指導に生かすための評価」，◎は主に「記録するための評価」

主たる学習活動	指導上の留意点	時
・4人組でテーマの Good Point，Bad Point を考え，発表するという活動内容を確認する。 <テーマ> In some countries, students eat lunch at cafeteria. City life is better than country life. ・テーマを確認し，短時間で考えを整理する。 ・Good Point, Bad Point を発表する。 ・振り返りを行い，気付きや課題等をワークシートに記述する。	・今後の流れを伝え，見通しを持たせる。 ・言語活動の意義について理解させる。 ・チームワークの重要性を理解させる。 ・聞き手を納得させるために，どのような内容を述べるとより説得力があるのか考えて表現するよう促す。 ・次回につなげ，生かす視点を持って振り返ることができるよう意識させる。	1 ｜ 2
・4人組でテーマの Good Point，Bad Point を考え，発表し，それに対して他のグループが Attack するという活動内容を確認する。 <テーマ> Summer vacation is too long. Students don't need summer homework. Students should go to school on Saturday. ・テーマを確認し，短時間で考えを整理する。 ・Good Point, Bad Point を発表し，それに対して他のグループが Attack する。 ・振り返りを行い，気付きや課題等をワークシートに記述する。	・前回の学習内容を生かすよう促す。 ・チームワークの重要性を理解させる。 ・聞き手を納得させるために，どのような内容を述べるとより説得力が増すのか考えて表現するよう促す。 ・次につなげ，生かす視点を持って振り返ることができるよう意識させる。	3 ｜ 5
・Good Point 派，Bad Point 派に分かれ，4人組対4人組でそれぞれの考えを発表し，Attack し合う。最後にその他の生徒たちがどちらのグループが説得力のある意見であったかをジャッジするという活動内容を確認する。 <テーマ> Students can sit in the priority seats. Students should have snack time at school. Students should use smartphones. ・テーマを確認し，短時間で考えを整理する。 ・Good Point, Bad Point を発表し，それに対して他のグループが Attack する。 ・残りの生徒はジャッジを行う。 ・活動を通した自分自身の成長や変容，学びをどのような場面で生かすことができるか等についてワークシートに記述する。	・これまでの学習内容を生かすよう促す。 ・チームの一人ひとりが積極的に参加し，役割を果たすことができるように促す。 ・聞き手を納得させるために，どのような内容を述べるとより説得力が増すのか考えて表現するよう促す。 ・説得力という視点でジャッジするように促す。 ・ディベート活動を通して習得したことや課題を振り返りによって自覚させ，今後につなげるという視点を持たせる。	6 ｜ 8

英語科 実践例 ||||| 121

●第2部／「Let's have a debate and think more deeply!」・3年生

英語科実践例③

1　題材で育成したい英語科の資質・能力 〔目指す生徒の学ぶ姿〕

　知識や得た情報を活用して，自分の意見や考えを外国語で形成・整理・再構築する力〔育児休暇についてディベートを行い，表現を工夫して自分の考えを伝えたり，自分と異なる意見を理解したうえで相手の意見に反論したりする姿。またディベートの準備や実践を行う際に級友とのやり取りを通して，論題について深く考えることができる姿〕

2　題材について

　『新学習指導要領』の目標では「話すこと［やり取り］」と「話すこと［発表］」が設定され，即興でコミュニケーションを図る力の育成がますます求められるようになった。そこで本題材は教科書COLUMBUS21 ENGLISH COURSE3の「給食と弁当どちらがいい？」を発展させて，異なる2つの立場に分かれてディベートを行わせ，ジャッジにどちらの主張の方がより説得力があるかを判定させることにした。相手の主張を聞いてからそれに反論するために，即興性の高い活動になると考えたからである。またディベーターはジャッジの様子を見ながら表現を工夫して話し，ジャッジはディベーターの話を聞きながら論理的に根拠に基づいて判断するようになるという利点もあると考える。

　論題は"More than 30% of fathers will take paternity leave in 15 years.（15年後に父親の30%以上が育児休暇を取得する）"に設定した。中学生にとっては難しい内容かもしれないが，ディベートを通して家族や仕事について考えさせたい。

3　題材の学びを支える指導事項 （◎特に身に付けたい指導事項，・機能的習熟を目指す既習事項）

◎社会的な話題に関して聞いたり読んだりしたことについて，考えたことや感じたこと，その理由などを，簡単な語句や文を用いて話すことができる。（話すこと）

◎社会的な話題に関して聞いたり読んだりしたことについて，簡単な語句や文を用いて書くことができる。（書くこと）

・はっきりと話されれば，社会的な話題について，短い説明の要点を捉えることができる。（聞くこと）

4　題材構想で意識した「つなぐ・ひらく」

（1）既習の内容や他教科の学びとつなぎ，将来の家族との関わりを考える機会にひらく

　前の単元や他教科で学んだこととのつながりを感じられる論題を設定することで，生徒たちは自分事として取り組むと考えた。直前の単元では将来就きたい職業についてエッセイを書いた。この題材では議論の準備をする過程で働き方について調べ，前の単元とのつながりを意識できると考えた。また家庭科の授業で生徒たちは幼児との触れ合い体験を行い，育児についての話を聞いている。

　またグループで協力して調べ，相手のチームと議論し，ジャッジとして肯定・否定両方の立場から意見を聞くことで，多くの情報を得ることができる。本題材を通して将来の家族のあり方についても考えさせたい。

（2）英語の技能をつなぐ

　ディベートやその準備，振り返りでは，複数の技能を関連付けて学ばせた。例えば準備段階では資料を理解するために読むことが必

要だが，発表の段階では話すことが必要となってくる。そのため準備段階から発音を意識した学習が必要となる。

また振り返りでは論題に対して自分の考えを書かせることで，スペルや構成に気を付けながら正確な表現で書くことを意識させた。同じ話題について様々な技能を使いながら繰り返し学習し，表現を身に付けさせたい。

5　授業の実際

まず練習としてミニディベートを行った。生徒にとって話しやすい学校生活について論題を設定し，論理構成や反論の仕方を学ぶことに焦点を当てた。次に論題を示し，それに関するデータや記事を資料として提示したり，インターネットを使って調べさせたりした。そうすることで論題に関する知識を広めるとともに，資料を引用することを学ばせた。

ディベートの試合（7－9時）ではニュースで知ったことやインターネットで調べた資料，自分の体験を例に出しながら立論をしたり，相手の話を受けて議論したりする姿が見られた。ジャッジはメモをとりながら，肯定・否定の立論や議論にポイントをつけて，最終的にどちらのポイントが高いかで勝敗を決めさせた。勝敗を決した後でジャッジに判断の理由を尋ねた。ジャッジが根拠を述べることで，話し合いの良かった点をその場でフィードバックすることができると考えた。

なおディベーターのために立論の後で1分間反論の相談をする時間を設けたのだが，ジャッジもこの間に立論の大意や言葉の意味を確認しあう様子が見られた。本校では日ごろから話し合いをしながら学ぶ場面が多いが，ここでも協働的な学習の場面が見られた。

しかし活発な議論が行われる論題を設定できたか，ディベーターにジャッジを十分に意識させられたかという点では課題が残った。ディベーターが話の途中で止まってしまったり，覚えてきた英文を話すことで精一杯で早口で言い終えてしまったりする場面も見られた。授業を計画する段階で論題の難易度が適切か，準備段階では教師側の狙いと生徒たちの目当てを一致させることができたかという点にもっと注意を払うべきであった。

ディベートの前後に書かせたエッセイを比較してみると，平均で66語多く書けるようになった。多くの生徒がディベート後により多くの視点から自分の意見を述べることができるようになったからだと考える。

また振り返りの“Who should take parental leave after your child is born?”という問いに対してそれぞれがディベートの中で出てきた話を交えながら，意見を書くことができた。例えばある生徒は複数の視点からこの問いに考えている（図1）。こうして生徒たちが書いたエッセイや振り返りの内容を共有することで，考えを深めさせたい。また今後も生徒たちが自分事として課題に取り組ませることができるようなテーマを考え，授業をデザインしたい。

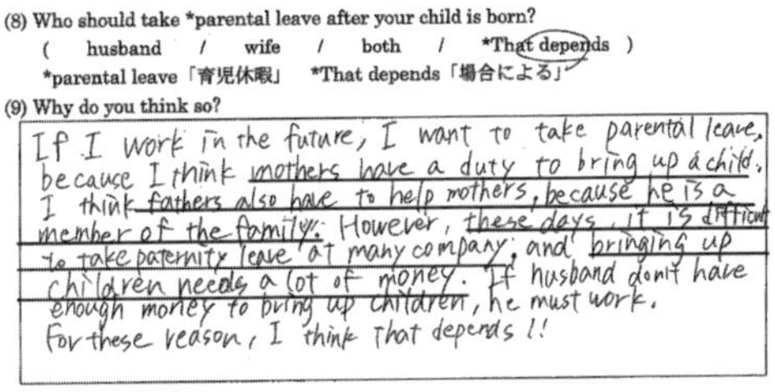
(8) Who should take *parental leave after your child is born?
(husband / wife / both / *That depends)
*parental leave「育児休暇」 *That depends「場合による」
(9) Why do you think so?
If I work in the future, I want to take parental leave, because I think mothers have a duty to bring up a child. I think fathers also have to help mothers, because he is a member of the family. However, these days, it is difficult to take paternity leave at many company, and bringing up children needs a lot of money. If husband don't have enough money to bring up children, he must work. For these reason, I think That depends!!

図1　ワークシートの記述

●参考文献

1）中川智皓（2016）『CHART NETWORK』，「授業でできる即興型英語ディベートのご紹介」，pp.20-23.

（稲田　譲）

［資料］　資質・能力育成のプロセス（11時間扱い）

次	時		評価規準 ※（　）内はAの状況を実現していると 判断する際のキーワードや具体的な姿の例	【　】内は評価方法 及び Cの生徒への手だて
1	1 ｜ 3	表	給食と弁当のどちらかが良いかについて，理由や実例とともに話している。（○）	【活動の確認】 C：今までに習った表現で，簡単に話すように促す。
		表	相手の意見の要点を理解し，それに反論しようとしている。（○）	【活動の確認】 C：反論が思いつかない場合は，相手の意見の例外を考え，それを指摘するように指導する。
		理	話の内容を聞いて，どちらの主張の方がより説得力があるか判断しようとしている。（○）	【活動の確認】 C：相手の話が理解できない場合は，聞き返したり，大切なところを理解したりするように促す。
	4 ｜ 6	表	15年後の男性の育児休暇取得状況の予測をし，データを読みながら根拠に基づいて書くことができている。（○）	【ワークシートの確認】 C：家庭科の授業で習ったことを思い出しながら，自分の予想を簡単な表現で書くように指導する。
		知	論理的な構成を考えたり，相手の意見を予測して反論を考えたりしている。（○）	【ワークシートの確認】 C：簡単な表現で伝えるように促す。
2	7 ｜ 9	表	説得力のある根拠を示して主張したり，相手の意見に反論したりする。（◎） （A：例やデータを示して理由に説得力をもたせて主張する。または相手の意見を聞いて，それに対して反論する。）	【発言の分析】 C：他の生徒がこれまでの授業で話した立論や反論のパターンに注目させる。
	10 ｜ 11	関	ディベート活動を振り返り，相手を納得させる技術と論題について考えている。（◎） （A：ディベートの役割にあわせて意識するべきことを具体的に書けている。また論題についてより深く考えようとしている。）	【ワークシートの分析】 C：ディベート活動でできたこと，課題になっていることを考えさせる。またディベートの前後で書いた論題に対する考えを比較させ，違いに気付かせる。

○は主に「指導に生かすための評価」，◎は主に「記録するための評価」

主たる学習活動	指導上の留意点	時
・教科書にある "Which are better, school lunches or boxed lunches?" の英文を読み，それをもとにグループでディベートを行う。	・学習した言葉を使い，簡単な表現で話させる。 ・理由を複数あげる時には，ナンバリングをすることで，聞いている人が分かりやすくなることを指導する。 ・理由を述べた後に自分の体験やニュースで聞いた話などの例を出して，より説得力のある話をするように促す。	1 ｜ 3
・"School uniform is good for students." という論題について肯定側，否定側に分かれて，お互いの意見に反論させる。 ・実際にペアでどのような反論が行えたかクラス全体で振り返る。	・前時に習った例を挙げて意見を言うことを確認する。 ・相手の話を聞かないと反論できないことに注意をさせる。	
・4人グループを2つ作る。2対2でディベートを行い，残りの4人がジャッジを行う。終わったら，別の論題でジャッジとディベーターを入れ替える。	・ジャッジは個人的な考えをできる限り排除し，内容で判断するように意識させる。	
【論題】 More than 30% of fathers in Japan will take paternity leave in 15 years.		4 ｜ 6
・論題に対する自分の考えを書く。 ・育児休暇取得についての資料を読む。 ・ディベートの役割分担を理解する。 ・4人1グループで役割を決め，資料を読み込んだり，新たな資料を探したりして準備する。	・論理的に主張したり，相手の理由に対して反論をしたりして，ジャッジを納得させることに意識させる。 ・肯定側，否定側どちらから視点からも考えるように準備を進めさせる。 ・必要に応じてインターネットを活用させる。	
・2グループが肯定・否定に分かれてディベートを行う。残りのグループはジャッジを行う。	・判定後にどうして肯定・否定が良いと思ったのかジャッジに質問し，議論の内容で判断するように促す。 ・ジャッジにベストディベーターを選出させることで，話し手の良いところを意識させる。	7 ｜ 9
・改めて論題に対する自分の考えを書き，4人グループで読みあい，コメントをしあう。 ・ディベートを通して，身に付けた力を振り返る。	・最初に書いた自分の考えと比較し，思考の変容に気付かせる。	10 ｜ 11

英語科 実践例 ||||| 125

おわりに

　本校はその設置目的に基づき，中学校教育における教育実践研究を日々行っています。このために，横浜国立大学教育学部，文部科学省，神奈川県教育委員会，各市町村教育委員会や県内外の国公立学校等と連携して共同実践研究に取り組んでいます。

　さらにその教育実践の成果を毎年2月の研究発表会で発表するとともに，各研究会での発表や全国からの研修視察の受け入れ，各種研修会への講師派遣，書籍発行等を行うことでもその研究成果を発信しています。

　さて，本校の研究は，新しい時代に必要な資質・能力等を育成する指導と評価について，毎年視点を変えながら研究を進めてきました。これまでの実践を踏まえ，昨年度は「知識・技能」の構築へ向かう授業の研究等の成果をベースにしつつ，「学びの自覚につながる指導の工夫」について，研究を進めました。

　新学習指導要領では，社会に開かれた教育課程の実現が目指されています。今日の教室での学びが，生徒たちのよりよい人生や社会を創造する力にひらいていくことが求められています。今年度の研究は，これまで研究を積み重ねてきた各教科ならではの「見方・考え方」の育成を起点としつつ，生徒たちの「学びの経験」が有機的に関連付いていくためのカリキュラム・デザインについて，授業の具体を提案することになりました。

　私どもがこの研究に着手，推進するにあたっては，互いに悩みを語らいながら，新たな工夫を繰り返し，常に教職員が一丸となって互いに知恵を出し合い，理論と実践の一体化を図って取り組んでまいりました。今後も，生徒の実態や変容をしっかりと見つめ，地道に研究を進めていく決意であります。

　最後になりますが，本研究にご指導いただいた，文部科学省及び国立教育政策研究所の先生方，大阪教育大学の八田幸恵先生，横浜国立大学教育学部等の先生方に深く感謝しますとともに，本書を手にして頂いた皆様に，本校の取組に対してご指導・ご鞭撻をいただければ幸いです。

　平成30年2月

横浜国立大学教育学部
附 属 横 浜 中 学 校
副校長 井 澤 克 仁

＜執筆者一覧＞

横浜国立大学教育学部附属横浜中学校

中 嶋 俊 夫 （校長）

井 澤 克 仁 （副校長）

林 達 郎 （主幹教諭　ICT担当）

髙 橋 あずみ （教諭　国語科　研究主任）

伊 藤 翔 行 （教諭　国語科）

土 谷 満 （教諭　社会科）

田 川 雄 三 （教諭　社会科）

関 野 真 （教諭　数学科）

池 田 純 （教諭　数学科）

吉 田 大 助 （教諭　数学科）

田 中 明 夫 （教諭　理科）

神 谷 紘 祥 （教諭　理科）

平 石 孝 太 （教諭　音楽科）

飯 田 哲 昭 （教諭　美術科）

中 山 淳一朗 （教諭　保健体育科）

和 田 真 紀 （教諭　保健体育科）

佐々木 恵 太 （教諭　技術・家庭科　技術分野）

池 岡 有 紀 （教諭　技術・家庭科　家庭分野）

田 前 千 春 （教諭　英語科）

武 田 美 樹 （教諭　英語科）

稲 田 譲 （教諭　英語科）

田 口 さやか （養護教諭）

新しい時代に必要となる資質・能力の育成 Ⅲ
「学びをつなぐ・ひらく」
カリキュラム・デザイン

2018年3月10日　初版発行

編著者	横浜国立大学教育学部附属横浜中学校
発行人	安部英行
発行所	学事出版株式会社
	〒101-0021　東京都千代田区外神田2-2-3
	電話　03-3255-5471
	HPアドレス　http://www.gakuji.co.jp
編集担当	花岡萬之
装　丁	岡崎健二
印刷・製本	精文堂印刷株式会社

落丁・乱丁本はお取り替えします。　　　　　　Printed in Japan
ISBN978-4-7619-2394-5　C3037